JN201049

うつみんの政治家になろう

知名度ゼロ金なし話下手からの裏選挙マニュアル

YUSABUL

はじめに

本書はみんな投票に行こうという本ではありません。みんな政治に参加しよう、素人でも小さい選挙なら当選することはできますよ、もう応援という時代ではないんですよ、ということを伝えたかった本です。そして東京都知事選のことをメインに書いていますが、衆議院議員選挙のことはあまり書かれていません。それは衆議院選挙が始まる前に原稿はでき上がっていて、衆議院選挙が終わってから書き換えることができない状況だったからです。

衆議院選挙に関することは「はじめに」と「おわりに」に書いてあります。しかし選挙の本質や日本の政治の問題点は変わらないと思います。既存の政党のなかで、政権交代が起こったとしても、この国の政府の売国政策に変化は起きないだろうからです。日本消滅の根本原因である移民推進、ワクチン推進、外資優遇等の政策は続いていくでしょう。つまり、実は何も変わらないということです。

はじめに

２０２４年衆議院選挙は総裁選後、もっとも早いタイミングで行われた選挙でした。通常総裁選後には見せかけだけの期待感があります。総裁選後のご祝儀の支持率でどうやって当選するか、そして当選さえしてしまえばあとはいくらでもごまかせるだろう、そんな姿勢が浮き彫りになった選挙でした。解散は急だったので準備が難しく、最初は私も立候補に乗り気ではありませんでした。11月なら考慮してもいいかな、という感じだったのです。

しかしネット内でワクチン反対、移民反対、売国反対、全体主義反対などと声を上げている人のうち、インフルエンサーと呼ばれている人が誰も出ないようだったので、自分がやるしかないかと思った次第です。

そういう意味で２０２４年衆議院選挙立候補の動機は消去法的な、妥協的な選択だったと思います。私は東京で医者をやったり経営をしたり、医原病や薬害の専門家として啓発活動をしたり、哲学者や占い師として人に精神療法のイロハや占いの医学活用を教えている人間です。そもそも選挙に出なくてもこれらの活動はできますし、本業にとって政治はむしろ邪魔になるくらいです。

しかし、政府の売国政策によりここまで国民として追い詰められ、命まで脅かされるような状況となっては致し方ない、そんな思いでの立候補でした。そしてご存知のように私は東京都ではなく、神奈川15区から立候補しました。なぜ神奈川15区なのか。これについては事前に様々な人に意見を聞いていたのですが、東京で出たほうがいいという意見は一人たりとなかったのです。「東京で出るなんてあり得ない。神奈川15区で出ろ」と全員にいわれました。

議員や政治経験者に何人にも相談しました。関係者のスタッフにも何人にも相談しました。全員同じ答えなのです。私が何かいう前から「いや河野太郎のとこで出ないとおかしいでしょ?」と半ば強制です(笑)。でもそれは仕方ないのかもしれません。私は、コロナ騒動の前からワクチンの危険性を訴えてきた人間ですし、コロナワクチン接種が始まった当初、新型コロナワクチンの危険性を訴える本を出版し、河野太郎から真っ先にたたかれたのも私です。その結果、相談した全員から神奈川15区を勧められたのはある意味すごかったと思いますし、自分でもそう思っていたので面白いものです。そもそも神奈川は地盤ではなく自ら敵地に乗り込むわけですから。

私の立候補についてネットでは、票割れさせて与党を利するために出たのではないかとバカバカしいネガキャンがされていました。しかし、私がクリニックのある地元で出たとしても、参政党という政党の立候補補者がいるので同じことをいわれていたと思います。票割れ云々と騒いでいたのはおもに参政党関係者だと思いますが、私は参政党支持者でも何でもなく、むしろ非常に否定的に見ている人間でもあります。そのいきさつは対談や「おわりに」に少し記載しますが、そもそも私には参政党に忖度する理由は何もないのです。神奈川15区における２０２１年衆議院選挙での河野太郎の得票率は78％以上、まさに王国です。対抗馬をみれば、票割れさえ気にするレベルではないのはおわかりでしょう。それでも私が神奈川15区で立候補したのは、将来を見据え、河野太郎や自民党の悪行を少しでも全国に周知させるためでした。

外様である神奈川15区において、私は有権者の方々にはさぞ嫌われるだろうと思っていましたが、医者というのもあってか思いのほかたくさんの方が声をかけてくれました。それらの方々が全員口をそろえて、「あいつ（河野太郎）だけはなんとかしてくれ」というのです。河野王国とはいえ、地元でも実は嫌っている人もかなり多いのだと、行った初日に実感しました。

日が経つにつれてこそっと「入れたよ」と声をかけられたり、車から手を振ってくれる人の数が激増したのです。たった12日間の選挙活動にもかかわらず手ごたえを感じるくらい、神奈川15区でも自公政権や河野太郎への不満が爆発していることを感じました。

そもそもワクチンの問題、医療の問題について問題提起するのは、政治の世界では嫌われます。私も都知事選のときは、ワクチンの問題についてはあまりいわないようにしていました。一応5つ目の公約としては掲げていましたが、1つ目2つ目3つ目はわかりやすいお金の問題、移民政策、外国の企業の問題など、2024年の衆議院選チラシであれば3番とか4番の話を中心にお話ししていました。しかし神奈川15区でなら、ワクチンの問題を一番に掲げることができる、そういう思いもありました。ワクチンの問題については拙著「ワクチン不要論」(三五館シンシャ刊)や「医師が教える新型コロナワクチンの正体」(弊社刊)をお読みいただきたいですが、いまや史上最大の薬害となっています。

ワクチンに関して、いま神奈川県は非常に危ない県です。県民というより、黒岩県知事の問題や三原じゅん子議員の問題もあって、県の行政が非常にワクチンを推奨する気風に溢れています。さらに、ワクチンの危険性やワクチンに関する問題をわざと隠蔽するという、そんな風土が根付いてしまっています。その代表格があの河野太郎であり、警鐘を鳴らすのにはもっともふさわしい選挙区だったというわけです。
そんな神奈川15区の選挙戦はネットを中心に一大トレンドとなり、日本一注目されるほどの選挙区になりました。河野太郎に当選してほしいという空気であれば、話題になどなりません。全国に落選してほしいという思いの人が大勢いたからこそ、一大トレンドとなったのでしょう。

残念ながら結果は3万9，183票、投票率も53．3％と低迷し日本人の無関心が浮き彫りとなりました。私の当落はともかく、この状況下での投票率の低さを考えると、これから訪れる亡国と国民の地獄は自業自得といわざるを得ません。しかし、神奈川15区においては12日間という準備期間もない短期間の選挙活動で、既存政党より高い得票率を取れたこと、そもそも河野太郎の得票率が前回78％以上だったところを、55％近くまで減らせたこと、しかもその対抗馬がワクチン反対を第一公約に掲げている人間にもかかわらず23％以上も大幅に減らせたこと、全体として自公が過半数を割ったことなど、よい結果も出ていると思います。はっきりいって本番はこれからです。

ワクチンの問題、マイナンバーの問題、私が訴えているすべての問題は国民が国の思うように統制される道につながる危険性をはらんでいます。憲法の自民党改正案にしても、そこに戦争への道をかぎとってしまうのは私だけでしょうか。衆議院選挙における自公の過半数割れ、河野太郎の大幅な得票率減は、国民がその危険性を無意識に感じとっている証拠ではないかと思います。

選挙は毎年続きます。ぜひこの本を、国民自らの意思によって日本を変えていくその一助にしていただければと願っています。

最後に編集協力してくれた選対スタッフの皆さん、そして衆議院解散選挙も応援してくれた妻と娘に感謝申し上げたいと思います。

目次

第3章 ここがおかしい、日本の選挙

第4章

誰でも立候補できる政治素人のための裏選挙マニュアル

第5章 私が国政を考える理由

第6章 特別座談会 武田邦彦×吉野敏明×内海聡

執筆協力：榎本セイヤ／大隈優子／チャップリオ貴美子
カバー・本文デザイン：福田万美子／フロッグキングスタジオ
本文DTP：有限会社タダ工房
カバーイラスト：くらもとえいる

第1章

なぜ、ただの医者が選挙にでたのか

◎都知事選出馬は2年前から決めていた

私の初めての立候補の経緯を通して、なぜただの医者である私が、政治の世界に名乗りをあげたのかお話ししましょう。

私が東京都知事選挙に出馬しようと考えはじめたのは2022年の夏ぐらいからだというと、「そんなにも前から決めてたのか！」と驚く人は多いのではないでしょうか。といってもそこからすぐに具体的に動いていたわけではありませんが。

公職選挙法のなかに「事前運動の禁止」というのがあります。事前運動とは何かは別の章で詳しく説明しますが、簡単にいうと、告示日までは選挙に立候補するのを公表することが禁止されています。

2024年の東京都知事選挙でいうと、2024年6月20日が告示日であり、この日までは私が東京都知事選挙に立候補することを公表すると法律違反になります。

告示日を迎えて選挙運動がはじまるまで、私が都知事選に立候補することを多くの人は知らなかったと思います。これはかなり不利でした。

いわばグレーゾーンと呼ばれる法律違反スレスレや法律の穴をくぐり抜ける方法で周知させることはできました。しかし、ご存じの通り私は世界一の嫌われ医者としてネットの世界では有名であり、利権側やアンチうつみから「うつみは選挙違反をしている」としてすぐに攻撃されることは皆さんも容易に想像できるのではないでしょうか。このリスクを避けるため、徹底して法律に抵触しないように細心の注意を払い続けました。

この法律を意識しながらも、事前運動にならないようにいかに私が東京都知事選挙に立候補することを世間に認知させることができるかが、私を悩ませた大きな壁でした。

他の選挙でもいえることですが、この事前運動の禁止という法律は、選挙戦がはじまるまで公言できないですから、現職や既存議員に比べて新人候補にとって非常に不利になります。


そんな事情もあり、私が都知事選に立候補しようと決意したのが約2年前だというと、意外に思う人が多いのだと思います。ほとんどの人が東京都知事選挙の半年ぐらい前もしくはもっと直前で出馬することを決めたと思っているようです。実際に、大半の都知事選立候補者は5月6月に決めた人ばかりでしょうから。

きっかけについてお話ししましょう。２０２２年の参議院選挙が行われた際に、私も出馬しようと考えたときがありました。そのときには家族に反対されて断念しましたが、当時世の中に対して似たようなことを述べている私の知人が数人出馬したので、参政党を応援していました。その政党の選挙数か月前からの街頭演説での動員数や盛り上がり、会員数の急増を身近で見てきました。選挙結果も２％を得ました。その結果、当選１人で国政政党としての条件を満たし、当時、世間にムーブメントを起こしたことがあったので、やはり自分も何かしなければと思ったわけです。

やるからには大きな選挙でないと、いまの日本の状況について大勢に伝えることは難しいと思ったのと同時に、政見放送という何にも制限されることなく自分の主張を訴えることができる場を与えられる東京都知事選は、条件として申し分ない選挙でした。

まず、参院選時には反対した家族に再度相談して了解をとりました。なぜ、了解してくれたのかは後述します。そして、２０２２年の11月には、議員輩出部門として立ち上げた政治団体のスタッフにまずは出馬の意向を伝えました。すぐあとには「市民がつくる政治の会」のスタッフや、出馬することにより仕事に影響をきたすので、会社やクリニックの職員に伝え、12月には支援者になりうる近しい人たちに伝えましたが、当然この時点ではまだ公《おおやけ》にはできません。

年が明けて、２０２３年４月の統一地方選挙が近づくにつれ、私が代表を務める「市民がつくる政治の会」の公認候補も10人、推薦候補も20人近くになりました。いよいよ本格的に地方選挙に向けての準備をしていくなかで、このときにはすでに翌年行われる都知事選挙を意識しながら、準備を進めていったのです。実際に統一地方選挙がはじまってからは、各公認候補の地元に応援弁士として演説に赴きました。これまでも世田谷区議会選挙、２回前の２０１９年に行われた参議院選挙でも応援弁士などはやりましたが、やはり数としては統一地方選挙が一番多かったです。その経験を活かしながら都知事選に向けて、自分のなかでの選挙戦のイメージを確定させていったのです。

◎政治に直接かかわるきっかけ

私の著書を読んだり講演会に来たりしたことがある人はご存じかもしれませんが、私は政治が嫌いと公言しており、政治家が嫌いで、できることなら関わりたくないとずっと政治を遠ざけてきた人間です。

そんな私が政治団体を立ち上げた理由は、２００８年から10年ぐらい医療、環境、社会毒、食、児童相談所などの問題について啓蒙活動を続けてきたにもかかわらず、まったくとはいいませんが、世の中が変わっていくという実感が持てなかったからです。

逆に２０１１年の東日本大震災以降はさらに日本が急速に悪化していく状況で、いよいよこのままでは本当に日本はなくなると確信しました。そのためには政治から変えていかなければならない、政治が嫌いだと敬遠している場合ではない、とぼんやり考えていたところ、あるネット番組での対談のなかで10年の節目を迎えて次にやりたいことを聞かれたのです。そこで「地方議員の地方政党をつくってみたい」とぼんやりつぶやいたのがきっかけになり、「日本母親連盟（通称母連）」という名の政治団体を立ち上げるに至りました。それが２０１８年のことです。母連はのちに現在の「市民がつくる政治の会（略称「市政の会」）」に改名しました。

◎「市民がつくる政治の会」とは

「市民がつくる政治の会」がどのようにいまのような組織になっていったのか、少しご紹介しましょう。

設立当初はまだまだ小さい組織ではありましたが、２０１９年の参議院選挙で実は母連から１人立候補者が誕生しました。その直前にとある政治団体と組織連携をして参議院選挙に参戦することが決定したのです。全国で10名の立候補者を擁立する必要があるなかで、最後の１人に母連から立候補する人はいないか？　との呼びかけに当時長野支部長であった足立みきよ氏が大阪選挙区から立候補することになりました。

足立氏が立候補した大阪ではもちろんのこと、組織連携した政治団体からの全国の立候補者に対して、母連全体として各地で実務の手伝いや応援、支援を実施しました。

結果は足立氏を含めて誰１人当選はできず、得票数もあまりよい結果とはいえませんでした。

メインの大阪を筆頭に、各地でのマンパワーが足りないうえに、選挙に詳しい人がおらず、ポスターなども全部貼り終えることができなかったのです。

みんなあまりにも経験不足でした。２０１９年の参議院選挙は当時の組織にとって時期尚早だったかと思います。

それでも、結果にかかわらず、全国の母連のスタッフや会員、そして私自身が国政選挙を経験したことは大きな糧になったはずで、それがその後の統一地方選や東京都知事選に活きたことは間違いありません。

その直後に前代表の横領問題が発覚し、すぐに私が代表に就任しました。横領問題については会員の方々に事実を公開し理解を求めましたが、やはり会を離れる人も一定数いたのではないかと思います。組織とは難しいものです。

設立当初は各都道府県に一つ以上の支部を設立しようとして、一時期約40もの支部が存在していたこともありました。しかし、内部の不祥事や外部からの攻撃などで、批判を受けたりする機会も増え、各支部での人員または人材不足が顕著になっていきます。幾度か改名や組織改編を経て、組織の強化と成長を試みるなど紆余曲折を経ました。ご存じの人もいるかもしれませんが、特にゲストで講演に招いた山本太郎によるデマと当会への誹謗中傷だらけのテロ講演は大きな影響があったと思います。彼ははじまったばかりの市民運動をつぶしにきたまさに張本人です。

そんなトラブルを経てなんとか安定するようになったころ、市政の会独自の議員を擁立させたり、全国の既存議員とのつながりを強化するため、２０２２年2月に「市民をつなぐ党（旧市民の党）」を市政の会の政党部門として設立しました。その市民をつなぐ党の代表も私が務めました。市民がつくる政治の会の理念や目的を前提に、世襲議員や既存政党の所属議員が当選しやすいという常識を打ち破るためにも、まったく大きな企業も組織もついていない、登録費もいらない、ごくごく普通の人がお金をかけずに選挙に出る、一般市民が気軽に選挙に立候補できるというモデルづくりを意識した政治団体です。

２０２３年4月の統一地方選挙では、市民をつなぐ党から10人の公認候補を擁立し、推薦候補や組織連携の議員を含めると、約30人が統一地方選挙に立候補しました。その統一地方選挙では公認候補が１人当選を果たし、推薦や組織連携全体では５人以上が当選したのではないかと思います。市政の会スタッフも現場で公認候補の選挙運動の指揮を執るなど、会全体としてもスタッフ１人ひとりが２０１９年参議院選挙のときからかなりの成長を感じることができた選挙でした。

その後の地方選挙でもさらに２人の公認議員が誕生して、いまでは公認議員３名、連携議員10名以上、会員も全国で1万2千人以上の政治団体となっています。

そして２０２４年、日本で一番大きな地方選挙でもある東京都知事選挙を迎えたわけです。

◎「2%から5%へ」の意味

実は東京都知事選挙では、表向きの政策とは別に「2%から5%へ」という裏標語が存在していました。この「2%から5%へ」は何の話かというと、現時点でいまの日本がおかしいと思い、私の考えに賛同してくれるような人は人口比率で2%程度だと私が思っていたことからはじまっています。

その数字の根拠は、統一地方選などの選挙において「日本がおかしい」「コロナ行政がおかしい」「既存政党がおかしい」と表明する立候補者は、2%前後の得票率を得ていることが多いからです。2022年に行われた参議院選挙でも、近いことを主張していた某政党が2%の得票率を得て、国政政党になりましたね。

もちろん地域によってばらつきはあるのですが、この2%を早いうちに5%に引き上げることが大事だと私は考えていて、東京都知事選挙では5%の得票率を得ることが一つの指標でした。

では、この5%の得票率を得てどうなのかというと、首長選挙では5%の得票率では実際に当選することはできません。しかし立候補すれば、私が主張する国の問題点を国民に直接届けることができます。現時点では、国民の問題への認識率が上がるほうがよほど重要な要素だと考えました。つまり私にとっての東京都知事選挙は5％という目標を掲げながら、全国啓発活動をする意味を兼ねていたわけです。

これは実際に海外の活動家に聞いた話です。

ヨーロッパで遺伝子組み換え食品に対して、反対運動のうねりが大きくなったとき、遺伝子組み換え食品の問題点をきちんと認識し、人に説明できるレベルになった人たちは人口比率で10～12％だったと、私は活動家に聞きました。

それは少ないではないかと思う人がいるかもしれませんが、それくらいの人口比率になると自分の意見ははっきりなくても、同意してくれる人が現れます。結果、全体の3割、4割の人が同意してくれることになり、人口比率でこの程度の数字に達すれば、社会を大きく変革できることを示したわけです。これを見ればわかるように、社会を大きく変えるためのスタートに、実は人口の半分以上の多数派にまでなる必要はないのです。

EUでは、「GMO（遺伝子組み換え作物）にNO！」という人が10～12％になったとき、一気に社会の変化が進んだとのことでした。その結果、遺伝子組み換え食品へのネガティブなイメージがモンサント社の経営にまで悪影響を及ぼし、モンサント社はバイエル社に買収されました。

人口比率だと2％は約50人に1人です。たとえば、あなたが50～60人規模の職場に属しているとすれば、その職場のなかで世の中がおかしいと思っているのは、あなた1人きりというイメージです。職場でワクチンを接種しなかったのは自分1人だけだったという人も多いのではないでしょうか。

これが5％になると、約20人に1人。あなたに似た問題意識を持つ人が、職場に3人程度はいるという計算です。10％だと約10人に1人ですから、職場に5～6人です。12％だと7人近くになるわけです。

世の中には、自分の意見を日和見している人が6割程度いるといわれます。

そのうち半分程度の人は、職場で7人が同じことをいっているとなれば、あとは中身を吟味するだけです。内容に妥当性があれば「私もそう思ってた！」とついてきます。さらに調べもせずに同調意識だけで味方になってくれる人も出てくるでしょう。

つまり、10～12％になったときに、支持が一気に40％近くなるということです。

それがEUでは、遺伝子組み換え食品に異議を唱える動きへつながっていったのです。

民主政治は多数決で決められる世界です。

そう考えると、人口の半数を超えなければ日本政府の方針は変えられないと思ってしまいがちです。この人口の半数というのは大変な数字なので一般人はあきらめてしまいます。

しかし「10％程度でいい」と聞けば、達成できると思わないでしょうか。それは希望にもつながります。

「世の中がおかしい」と思っている２％の人が、周囲にいる１人か２人を捕まえて、問題意識について説明する。その行動が世の中を変える重要な要素になるのです。

その際に大事なのは、説明しても明らかにむだな人は相手にしないことです。なんらかの利権的背景を持っている人は特に徒労に終わることがほとんどです。

それよりも社会に疑問を持ったり、日本が何かおかしいと思っていたりする人を見つけ、話しかけることが重要でしょう。

目標はまず身の回りの人から。２％から５％の微増が大事なのです。

これが、東京都知事選挙で私が皆さんに伝えたかったことであり、皆さんに考えてほしかったことなのです。

◎「令和の一向一揆」の意味

「一向一揆」とは、山川日本史小辞典に書かれていることを引用すると、「戦国期、本願寺門徒の武士・農民・都市民が、守護大名や幕府の武将と戦うために結成した一揆、またその武装蜂起。本願寺は15世紀半ば第8代宗主蓮如《れんにょ》の時代から、真宗諸派の門徒をはじめ、時宗、あるいは山伏《やまぶし》など密教的念仏者ら一向宗《いっこうしゅう》とよばれる浄土信仰の徒を結集し、一大教団を形成。門徒らはみずからの信仰や利益を守るために結束して支配者と戦い、また本願寺の指令をうけて政治闘争に介入し、戦国期の一大政治勢力となった」とあります。

簡単にいうと、浄土真宗本願寺門徒の武士や農民・都市民などが、脅《おびや》かされた自分たちの生活や利益を守るために結束して、支配者側の守護大名や幕府の武将と戦ったのが「一向一揆」です。

要するに「一向一揆」とは、権力側に虐《しいた》げられ追い詰められた浄土真宗門徒の武士や農民、商人たちが、「ふざけるな、このまま黙って苦難のまま死んでいられるか！」と奮起し一致団結して権力側に立ち向かい、武将などの支配者を倒すことに成功した社会現象なのです。

一向一揆は、平民や下級武士などが追い詰められるたびに立ち上がり、幾度となくくり返された歴史があります。いまの日本の状況は、この一向一揆が起こった直前の状況と変わりないと、私は考えています。

私は、両祖父が共に浄土真宗本願寺である大きな寺の住職で、宗教の闇を両家で見てきた人間でもあります。そうではありましたが、謎の病気にかかったのをきっかけに墓参りをするため、京都の大谷祖廟《おおたにそびょう》に２０２２年夏行ってきました。そこから裏標語として自然と、馴染みのある「一向一揆」という言葉が生み出されたのだと思います。

ただ、ここでいう「一向一揆」とは宗教的な意味合いとは程遠く、いまこの令和の日本の状況において、私たち国民１人ひとりが立ち上がり、利権まみれで売国している政府に「ＮＯ！」と突きつけ戦うために、一向一揆のような社会現象を起こすべきときという意味になります。そこから「令和の一向一揆」という言葉が生まれました。

あなたはこのまま日本が売られ続け、移民など外国人だけが権力を持つようになり、追い詰められ、２０２５年には日本がなくなるのを何もせず指をくわえて見過ごすのでしょうか？　それとも周りの人と協力しながら利権まみれで汚職まみれの政府に対して立ち向かい、自分たちの権利や生活を守ろうとするのでしょうか？　そういうことを問うための言葉が、「令和の一向一揆」だったのかもしれません。

誰かが何かをやってくれるまで待っている、と、そんな悠長なことをいっている場合ではないぐらいに、いまの日本の状況は最悪です。日本を変えるには、つまり昔でいう一向一揆が成功するには、誰か1人をヒーローに祭り上げるだけでは、腐った政府は倒せないわけです。国民1人ひとりが一致団結して、伝播しながら集団で立ち向かわなければならないのです。

2％から5％にするということもそうですが、いまの世の中を変えることができるのは危機感を持っている人の数です。

その数が10％以上になれば、いまの利権まみれの腐った政治を変え、日本を変える可能性が出てきて、私たちの未来に希望が見えてくるかもしれない。

その未来を勝ち取るための運動が「令和の一向一揆」だといえるでしょう。

第2章

2024年東京都知事選裏話

◎当初予測は20万票獲得だった

この章では、実際にどのように私が初めて立候補した東京都知事選を戦ったのか振り返ってみたいと思います。振り返ることにあまり意味はないかもしれません。しかしもしかしたら、本書の趣旨に賛同して自分も、地方選でも選挙に出てみたいという人が現れるかもしれません。私がどんなことをやっていたのか、それが私に続く人たちが立候補するうえで、行動の参考になればという思いで、まとめてみました。

2024年7月7日（日）に東京都知事選挙の投開票があり、結果として6位、12万1,715票という得票数でした。この数字をどう評価するかは、この選挙に出る目的をどう考えるかによって変わってくるでしょう。

「何の後ろ盾もなしによくやった」と満足の声もあれば、「やはり大きな権力には立ち向かえないのか」と国民運動の限界を感じて絶望したという声があったことも否めません。

政治活動の範囲内ではありますが、すでに書いたように2023年春の統一地方選挙のあとから都知事選に出ることは伝えてきました。そのときに負けるとしてもどれくらい票がとれそうか、という質問は多くいただいていました。健闘を讃える声には感謝していますが、当初の私の予測では20万票くらいはいけるのではないかと推測していたので、数字だけで考えると失敗だという評価になっても仕方がありません。

なぜ20万票という予測になるのか。それは前章で書いた２％が理由の一つです。

東京都は人口が１５００万人近く、そのうちの有権者が１０００万人弱となり、その２％は20万人となります。私の主張と近い考えを持つ人々は選挙に行く人が多く、投票率が何％であれ、この％はゆるぎません。ただ、近い考えを持っていても私個人にアンチ感情を持つ人も多いでしょうし、逆に無党派層に響くことがあれば20万票以上になる。つまり15万票～50万票というのが私の見込みだったわけです。

そして前回の選挙は22人程度の立候補者だったので、それを踏まえたうえでのこの票予測でもありました。しかしご存知のように今回の都知事選挙は、過去最高56人の立候補者となり、票割れが生じたことも影響したのは間違いないでしょう。また、立候補者のなかには東京都だけでなく、日本全体の矛盾やシステム的な欠陥を指摘する他の立候補者もいて、それもまた分散を招いたものと思われます。

そんななかで12万票以上いただいたことや、全国にも声が広がっていったこと、あえて選挙戦を戦うチームは素人だけで揃えたいという私の要望から、選対チームが団結して素人の力を見せることができたのは大きな財産になったといえます。

再選し、3期目の都政を任せることになった人の話はもう本書では触れる価値もないでしょう。

二位の石丸氏は主張や人格には微塵も同意できませんが、地方政治家出身とは思えない非常に強い資金力と動員力を持っていました。蓋を開ければ、選挙の神様といわれる選挙プランナーが裏にいて、石丸氏本人の資質というよりも、プロの選挙請負人の力技で2位に持っていったことがわかりました。

では、プロを雇い、市長を一期しかやっておらず、実質それさえ途中でやめた人間に対してなぜここまで支援する者がいたのか、その勢力とはいったい何なのかという部分は考えなければならないところです。

民放による政党支持者の投票先アンケートでわかったことは、維新シンパが多く、また、参政党やれいわ新選組のシンパも取り込んでいることです。いわゆる「石丸構文」による中身のない主張、それにもかかわらず改革派と思い込ませるような手法、それらは結局政治がいかに表面だけを演出して国民をだまし、民衆をコントロールすることによって成立しているかということと、簡単に自称目覚めた系や自称愛国系、改革希望者はだませることを示しています。

三位の蓮舫氏は私も当初二位になると思っていましたが、やはり二重国籍疑惑や共産党の参加、これまで国政でやってきたことや過剰なポリコレ思想が、逆の意味で評価された形になったと推測します。事前運動とみなされても仕方のない勇み足ともいえる告示前の立候補宣言がありましたが、結局何のお咎めもなし。少し話はそれますが、公職選挙法が一般人にとって選挙に参加することのハードルを上げる一方で、現職の政治家や国政政党が堂々と法律違反していてもスルーされるという、日本は実は無法治国家である現実を浮き彫りにしました。しかし、そこを追及するマスコミは当たり前ですが、一つもありません。メディアは一言でいえば中韓系が主ですから。

そして私自身の票に関しても、小池を倒せという甘い声のもと、蓮舫・石丸支持を訴えた自称反コロ、反ワク、反グローバリズムの二重スパイたちの暗躍はかなり影響が大きかったようです。彼らの宣伝によって、多くの票が蓮舫や石丸陣営に流れたと推測しています。しかし、反ワク、反グローバリズムを訴えている人たちが、小池氏と変わらないかそれ以上にワクチンを中心としたコロナ行政を推奨し、グローバリズム優先主義、大企業優先主義、金銭優先主義の２人を応援して、人々を誘導していくのは、もはや恥ずかしいを通り越していました。だからこそこの結果になったのだともいえます。やはりここでも二重スパイにコロコロと引っかかる、自称目覚めた系が大勢いたのが絶望的でした。目覚めているなら、本質的に小池氏と変わらない２人を支持することはあり得ないと思うのですが。

田母神氏が私の票を上回るのは予想通りではありました。強い右派思想を持っている人は田母神氏に流れ、右も左もない思想の人は私に投票してくださったのではないかと思います。しかし、いわゆる参政党をやめた多くの人々が私を支持し、参政党に残った人々が田母神氏を多く応援していたことは、考慮しなければいけないことです。

五位となった安野氏は正直私は存在をほとんど認識していませんでした。ツイッターフォロワー数もそれほどではなく、終盤で一気に追い上げたようですが、五位になった一番の理由は投票日直前、ワクチン推奨その他で有名なひろゆき氏との対談にあるようです。そういうことですごく票が動く自治体であり国なのかもしれません。

暇空氏はどんな人なのかも知らず、正直なところ男女どちらなのかも知りません。ツイッターだけなら私よりフォロワー数は多く、ネットではトレンドになっているのを拝見していましたが、姿が見えないことと、街宣もしていないことから、主張の一部には賛同できますが、数字的には予想の範疇だったかと思います。

石丸幸人氏は二位の石丸氏と按分（名前を間違えて書いたとか半分ずつになった）ではないかといっている人を見かけましたが、アディーレ法律事務所の設立者ですから、知名度はあったのでしょう。

２０２４年東京都知事選における主要三者の得票以外は15％程度、これはある意味絶望的な数字です。しかしそのなかでも反コロナ行政や反グローバリズム的な得票の率は、見方にもよりますが、６％～10％程度近くあると感じました。首長選挙は１人だけを選ぶ選挙、よってこの10％が１人に集中していたとしても勝てません。ただ、これを15％近くにすることができれば、日本にはまだ希望があると考えています。

それでもまだまだ少なく、日本の構造的問題、人間が抱える根本的思想問題は変わりません。しかし政治は理想よりも現実、最上よりも最悪排除が重要だと私は思っています。私の政治活動や選挙運動は単なる票獲得競争ではありません。票獲得競争は国政選挙であれば比例代表選挙、地方選挙であれば地方議員選挙で個人が２％前後とれるかどうかが問われます。

私は都知事選のあと、神奈川15区から衆議院選挙にも立候補しました。しかしそれもまた思想的、哲学的な革命であると同時に、現実も見据えるという両輪行動でした。つまり、国民の意識改革に重きをおいているということです。だから、衆議院選挙も落選しましたが、今回も、おそらく次回も、私自身はあまり悲観をしていないといえるでしょう。

そもそも私は人に占いを教えている専門家でもあるのですが、私個人の運勢は49歳であるいまが最低ともいえます。厄年、天中殺、その他判断基準は何でもあると思いますが、その私の運気が高まるのは理屈上52～53歳以降です。つまりまだはじまりだと思えば、占いとしても悲観することはないということですね。

◎ボランティア募集に600人も

選挙によってやはり傾向と対策は異なります。地方選挙においては出馬する地域によっても異なります。

では、東京都知事選挙ではどんな準備をしたのか裏話を紹介します。

東京都知事選挙は日本で一番大きな地方選挙で、すでに述べたように有権者が１０００万人近くいます。しかも都会では戸別訪問は疎まれやすいので向いていません。このような選挙では空中戦の一つである、ＳＮＳなどを活用したりライブ配信をしたりインターネットを使用した政治活動が有効であると考えます。

よって私は２０２３年の暮れぐらいから、時間がある夜にはライブ配信を行ってきました。

そのライブ配信では、YouTube、Facebook、ツイッター（現X）、インスタグラムなど複数媒体での同時配信を行いました。

その同時配信をするためのソフトの利用契約をしたり、当初仕事で使用していた私のパソコンが古すぎて同時配信に耐えることができず、新しくパソコンを購入したりしましたが、一番苦労したのが、ＩＴ系に弱い私がそのソフトを使いこなすということです（笑）。

最初のころは、ライブ配信に詳しい市政の会スタッフに設定や操作などを手伝ってもらいながら配信していましたが、やはり人間は何度もくり返しやることによって慣れたりするのですね。いまでは、誰の補助もなしに自分で好きなときに同時配信できるようになりました。

都知事選は日本で一番大きな地方選挙ですから、ポスター掲示板も都内全域で約1万4，300箇所と非常に多いです。ポスター掲示板の全設置場所は選管から地図が配布されます。ポスターを貼るボランティアはその地図を元に場所を特定して貼りますので、ボランティア用に担当箇所の地図を用意しなければなりません。

選挙管理委員会から配布される地図は、各自治体によって異なるのですが、大半はA0サイズの大きな地図です。

A0用紙から、必要な箇所だけを抜き出してA4用紙にコピーすることを想像してみてください。途方に暮れる作業だと思いませんか？　それが1万4，300箇所分であり、1人のボランティアが担当するのが平均15～20箇所だったとしても、どれだけコピーする必要があるでしょうか。

私のスタッフが何日もかけて地図のコピーを用意していたのを見ていて、「大変そうだなぁ」と思いました。

しかも運悪く、選管から地図を入手してコピーの作業を開始する初日に、事務所の業務用コピー機が故障するという問題も起きました。対応したスタッフの話によると普通に使用している限り外れることがない部品が外れてしまっていたということでした。これは一体どういうことでしょうか（笑）。

そしてその1万4，300箇所にポスターを貼る手配が大変です。

現職知事をはじめ、既存政党や大企業の支援がある候補は組織がポスター貼りをしたり、業者に委託したりしますが、私は資金もなく市政の会スタッフだけではまったく人員が足りないので、ボランティアさんが必要不可欠でした。島嶼《とうしょ》部を除く都内すべてにポスターを貼るには何人ぐらい必要なのか算出してもらった結果、約600人は必要でした。

では、その600人の指揮をどうとるのか？

まずは、都内を45ぐらいの地区に分割して、それぞれの地区のリーダーを市政の会外部に一般募集しました。

応募はしてくれたけど、業務内容を説明すると、責任が重すぎる、時間がとれないなどの理由で辞退する人もいました。しかし、２次募集３次募集を経て、最終的には約50人の地区リーダーが誕生しました。その50人との連絡や、サポート、市政の会との連携を円滑にするために、地区リーダー数人をまとめてくれる役割のエリアマネジャーを、市政の会スタッフ約25人で構成しました。その統括は、東京都を管轄している市政の会南関東支部の当時の支部長が担いました。

地区リーダー及びエリアマネージャーが選任されたあとに、ボランティアを募集しましたが、「事前運動の禁止」という制限があるので、大々的に「都知事選挙のポスター貼りボランティア募集」などといえません。

選管に確認のうえ、「6月20日及び21日に東京都内でポスターを貼る作業をしてくれる方募集」という表現で募集しました。あくまでも何のポスターで何のために貼るのかは明言せず、ただ都内でポスターを貼る作業ボランティアという体で。

結果、全国から約600人のボランティアが集まってくれたのです。

そうやって、都内約1万4,000箇所にポスターを貼るための組織ができあがりました。

他に、私がどの選挙に出馬する予定なのか登録ができて、政治活動を投稿できるサイトでもあり、立候補者も有権者も多くの人が利用する「選挙ドットコム」への掲載もしました。

こちらのサイトは、無料プランと有料プランがあります。費用対効果を考えたときに有料プランの方が圧倒的に有利と考え、有料プランを契約しました。特に都知事選ともなると、世間一般の関心も高く、選挙ドットコムを参考にする有権者は多いと聞いていたので、効果はあったかと思います。

どのような法律の解釈をしているのか、私自身もいまいちよくわかっていないのですが、選挙ドットコムへの掲載は違法にはあたらず、自分がどの選挙に立候補する予定なのかで登録先が分かれているので、当然私は「東京都知事選挙立候補予定者」のカテゴリーに登録しました。選挙ドットコムを見れば私が都知事選に出馬することはすぐにわかるようになったため、法律で「都知事選に立候補する」といえない不便さの軽減にはなったようです。

実際に「私がなぜライブ配信やこの活動をやっているのかは、選挙ドットコムを見てね」といってサイトに誘導していましたので。

あと特記しておくべきことは、街宣チームの準備でしょう。

街宣チームのことはあとで詳しく記述しますが、ここではその街宣チームの指揮を執ってくれた大隈優子さんと榎本セイヤさんのお2人について。実はお2人に今回の都知事選の街宣を任せる依頼をしたのは、なんと選挙がはじまるほんの2週間前だったのです。にもかかわらず、快く承諾してくれ、素晴らしい街宣運営をしてくれたお2人には改めて感謝したいと思います。

◎有力候補者に囲まれたポスター掲示板

ポスター貼りボランティアの組織づくりについては前述しましたが、実際にはどのようなことをしてくれたのか。

地区リーダーには選挙がはじまる前は、宣伝だけでなく地元のボランティアや支援者を増やす目的を兼ねて、各地で私を呼んで少人数の質問会を開催してくれるようお願いしました。また地域の選挙管理委員会に行って、前回の東京の選挙のときのポスター掲示箇所の地図やリストを入手してくれたり、ボランティアにポスターと一緒に渡すポスターを入れる手提げ袋や、貼る前に掲示板を拭くための雑巾の用意など、積極的に準備を進めてくれました。

エリアマネジャーは、地区リーダーのサポートや相談役をしたり、地区リーダーと一緒にボランティアの掲示板担当振り分けなどをしてくれました。

エリアマネジャーも地区リーダーも非常に優秀な人たちで、皆さん自主性もあり、大小の問題にも一つ一つ丁寧に対処してくれました。組織にはトラブルがつきものですが、総じてとてもよくまとまったグループだったのではないでしょうか。

その結果、私も街頭演説などでも述べましたが、都内に設置されている指定の掲示板のほとんどの場所で、どの陣営よりもいち早く「うつみさとる」のポスターを貼ることができました。かつ21日の段階で八丈島以外の島嶼部を除く都内全域にポスターを貼ることができたのです。これは本当にすごいことです。大きな政党や企業など一切ついておらず、専門企業に頼むこともなく、資金もない組織が成し遂げたこのことは、非常に大きな意味を成していると思います。

それだけ、都民のみならず国民がいまの政府に怒りを覚え、１人ひとりが何かしようと立ち上がった一歩だったのではないでしょうか。

ポスター貼りといえば、これは絶対に伝えたい裏話になりますが、皆さん私のポスター掲示場所を覚えているでしょうか？　そうです。向かって右隣が小池百合子氏、左隣が石丸伸二氏でこの2人に挟まれた場所でした。掲示板によっては（設置場所のスペースの問題で、すべてが同じ設置位置とは限らない）、私の上が田母神氏で左斜め上が蓮舫氏という、メディアによく取り上げられていた上位4人の候補に囲まれている真ん中というあり得ない場所でした。

こんな位置に貼られることになったことで、陰謀論者の人たちがまたまた、「内海はやはり支配者側だからだ」などと騒いでいました（笑）。だったら当選させてくれよといいたいですが、正真正銘、この場所はくじ引きで得た場所で、現場を見ていれば一目瞭然です。そういうとまたまた自称目覚めた系の人たちは、今度は「では、そのくじ引きが仕組まれていたのではないか？」と騒ぐので困ったものです（笑）。

くじを引いたのは実は私自身ではなく、うちのスタッフです。
ポスターの掲示番号は立候補の届け出順の番号です。
都知事選の場合、告示日の朝8時30分から立候補受付開始になりますが、8時30分より前に来た人のなかで届け出順をくじ引きで決めるきまりです。くじを引く順番は、8時30

分までに来た順番になります。

うちのスタッフは、７時30分に到着したのですが、その時点で11番目だったそうです。その後８時30分までに全部で23人の候補者が来場したので、その23人が1～23の届け出順を決めるくじ引きを行いました。

くじ引きは、不正がないように厳重に監視されるなかで行われ、多くの報道陣が撮影をしていました。

小池氏は来場の仮受付が1番だったので、一番最初にくじを引き、「５」を得ました。うちのスタッフは11番目にくじを引き、「６」を得ました。この「６」という数字も奇遇ですが、６６６は悪魔の数字だというようなノリで、内海は悪魔崇拝者だというデマを流すよいネタになったわけです（笑）。

この時点で、既にポスターは小池氏の隣になることが確定します。その後、22番目に仮受付をした石丸伸二氏が「７」を引いたので、２人に挟まれることになりました。

くじ引きが終わった段階では、「22」の田母神氏と「23」の蓮舫氏の掲示板の場所がわからなかったので、ポスター貼りがはじまるまでまさかこの４人に囲まれるとは思いもよりませんでした。まあ自称目覚めた系の皆さんは、「内海は支配者側ですべてやらせだ」

ということを信じていればよいのです（笑）。

◎ポスター貼りやボランティアスタッフの仕事

ボランティアスタッフの皆さんにやっていただいたことは、ポスター貼り、証紙ビラへの証紙貼り、街宣サポートの３つに分けられます。それぞれ、求められる作業は違っていて、ポスター貼りはスピード勝負、証紙貼りは地道で単調な裏方仕事、そして街宣は表舞台を支える体力と臨機応変に自分で考えて動く力と、何よりも笑顔重視の仕事といえます。

ポスター貼りと同時に行わなければならないのが、選挙期間中に配布することが認められている「証紙ビラ」と呼ばれるチラシに証紙を貼る作業です。告示日前までの政治活動において配ったりポスティングしたりするチラシは「政策ビラ」と呼ばれて、これには枚数などの制限はありません。しかし選挙期間中の「証紙ビラ」は東京都知事選挙では30万枚までの枚数制限や、街頭演説をしている場所でしか配ってはいけないという使用制限があります。選挙期間中は、「政策ビラ」は配布もポスティングもしてはいけないという決まりもあります。

余談ですが、この法律にも抜け道があり、それをうまく利用するというのが、選挙に慣れた人たちのやり方です。ある一定の要件を満たした政党や政治団体を「確認団体」として届け出すれば、選挙期間中でも政治活動をすることができます。都知事選の場合、確認団体から擁立されていたり、支援されたりしている立候補者が１人いれば確認団体になれるので、今回の都知事選でも、上位３人それぞれの確認団体が、本人不在で同時多発的に都内のあちらこちらで選挙中に政治活動を行っていました。しかしそこでもあからさまな選挙運動は行ってはいけないことになっています。ここでも大事なのが選挙運動と政治活動の違いです。

そこで撒かれていたのが、本人だとわかるシルエットが載った政策ビラです。書かれてある内容を見ても、どの候補者を暗に示しているのかは一目瞭然です。このビラは理屈上政治活動のビラなので証紙を貼ってありません。無制限で配ることも、ポスティングすることもできます。前述したように、都知事選では証紙ビラ30万枚ときっちり制限されており、街頭演説を行っている場所でしか配ることはできません。それはどんな陣営であっても同じ条件です。しかし上位３人の確認団体は、選挙中も政治活動を行っていました。そしてそれは厳密には公選法違反ではありません。確認団体であることと、シルエットは明確に誰かを示しているわけではない、といい張ればよいのですから。
この手法は私も知ってはいましたが、当然ながらまったくやる気はありませんでした。この抜け道である政治活動ビラだからＯＫという思想は、数がすべて、だましがすべて、力がすべて、法律違反でなければ何をしてもよいという精神だからです。

こんなことをやる陣営や人たちが、まともに人の約束など守るはずがないと思いませんか。自分が選挙で当選した瞬間に必ず態度を逆転させると思います。そういうことを日本の政治は右派も左派も延々とやってきたのですから。
合法だからといってこういうことはしたくなかったので、私の陣営では普通に街頭演説の場所で証紙ビラを配って街宣を続けました。自分たちだけ優遇されて無限に配れるからＯＫなんて御免ですし、選挙に勝つことだけが第一目的でなかったことはこれまでに示してきた通りです。合法かもしれないけど、ずる賢いだけのだましテクニックが堂々と行われているのがいまの日本の選挙であり、政治です。

話を証紙ビラに戻しましょう。上野にある私のクリニックが選挙事務所でもあったので、告示日から連日10数名のボランティアの方たちにクリニックに来ていただき、チラシに証紙を貼るという作業をしてもらいました。裏がシールになっていて切手よりも小さいサイズの証紙を、１枚１枚所定の場所に貼る作業は地味で、まさに縁の下の力もちです。数千枚単位でできた証紙ビラを毎日補充しながら、街宣場所で配っていました。この証紙貼りの作業は、選挙後半までボランティアの皆さんの手によってなされました。

地道な作業を行ってくださったボランティアスタッフに改めて感謝します。

選挙中の表舞台である街宣を支えてくれた街宣スタッフは、10数名の街宣経験者の街宣リーダーと、１００名ほどの市政の会のスタッフ、ＳＮＳで募集した街宣ボランティアでスタートしましたが、選挙中どんどん人が増えて、最終日の国会前街宣に向けて、総勢３００名の方がスタッフに名乗りを上げてくれました。

街宣を下支えしてくれたのが、内部分裂と大量離脱騒動があった参政党を離党した人たちでした。かの政党のことは「おわりに」で書きましたが、もう私はまったく信用していません。当初は応援していたわけなのですが、どんどんおかしくなっていき、党首による独裁制がはじまってからは目も当てられなくなりました。そこから大量の離脱者、政治はもううんざりだと人が出ていったわけです。しかし、その人たちが私が代表を務める「市民がつくる政治の会」スタッフ、そして新しいボランティアのスタッフと融合して、選挙を動かしたというのは非常に面白い現象ではないかと思います。

なぜ内部対立が起こり幹部スタッフの自殺まで起こってしまったのかは、私の口から話すよりやめてしまった元参政党の党員たち、略してヤメ参さんたちに聞いてもらえればと思います。

ヤメ参さんたち以外にも、私の選挙にはその政党の幹部であった5レンジャーのうちの3人が参加してくれ、うち2人は応援弁士も快く引き受けてくれました。

協力してくれた元参政党員の皆さんは参議院選挙を先に経験してきた人たちですから、17日間の街宣において非常に戦力となってくれました。前述した大隈優子さんはヤメ参のまとめ役をやっている人であり、私のセラピスト養成講座の弟子でもあり、２０２３年の統一地方選挙では、東京内の支部長として複数の立候補補者を支えた経験者でもあり、その後は東京全体の責任者でもあったわけですが、結局、「党員の声を聞きすぎた。党員の声を抑えるのが長の役目だ」といわれて解任されたのですから、いかにＤＩＹ政党というのが看板に偽りありかがわかります。

「政治に参加できる」とうたって、党員を募り、結局は選挙運動要員を量産し、党員を集票マシーンとして利用しているだけなのは、さすが、党首が「創価学会のような組織をつくる」と宣言していただけあります。

結果、幸か不幸か、参政党に出会うまではごく普通の一般市民だった人たちが、街宣のプロになり、選挙に強くなるということになりました。党のやり方がおかしいと気づいた人たちがごっそり離党しましたが、その離党組が、私の東京都知事選挙の下支えをしてくれたのですから、参政党には感謝しなければなりません（笑）。彼女が声をかけてくれたボランティアの方たちが、街宣場所の選定、現場での警備誘導、最終日の国会前街宣、上野マイク納め実施の準備など、非常に活躍してくれたことに改めて感謝したいと思います。

ボランティアスタッフとは立場が違いますが、自ら所有する街宣車に私の看板を付けて、車上運動員として17日間すべての街宣場所で、天候や人の集まりなどまさに空気を読みながら現場を仕切り、街宣に必要な備品の管理もしてくれた榎本セイヤさんも街宣の立役者でした。彼自身、２０１９年の参議院選挙でオリーブの木から立候補経験があり、それを機に日本全国を飛び回って志ある候補者の選挙サポートをしてきたという強者です。２０１９年は市政の会の前身である母連が最初に参議院選挙を戦った年でもあり、そのころから彼は政治友だちということになるでしょうか。ストローハットとメガネがトレードマークなので、街宣のライブ配信などでお馴染みの方も多いかと思います。

母連時の２０１９年参議院選挙や市政の会となってからの統一地方選の経験があるとは

いえ、東京全域をカバーする大きな選挙での街宣は初めてで、市政の会だけでは運営に手こずっていたのが正直なところです。

なので、このような選挙に慣れていて、知識と経験のある人たちの支えがとても重要でした。

これらを含めて私が一番留意したのは、市政の会スタッフ、ヤメ参のボランティアの方たち、一般のボランティアの方たち、YouTuberや撮影に来てくれる人たち、応援弁士たちがどう一枚岩になってくれるかでした。

私は市民活動や社会活動に20年弱携わり、あらゆる組織の分断と内輪もめを見てきました。それはいつも些細なことから起こり、正義と正義のぶつかり合いから起こります。悪い人間がいるから対立が起こるのではない、というところに人間の根深い問題があるのです。

よって一つの正義主張にこだわることなく、それぞれの人の経験にもとらわれることなく、素人を前面に出すことと「てきとーさ」を前面に出すことを意識しました。ここではトップである人間=うつみさとるの姿勢が全体に波及します。

性格の固い人たちや自分が正義だと思う人はすぐに文句をいうものですが、これが功を奏してか大きなトラブルはなかったように思います。

素人ほど、高い志をもって東京を変えようとしているならトラブルなど起こらないと思いがちですが、お金と欲望で集まった人間たちのほうが打算と妥協によってトラブルは起こしません。ただ我々はお金と欲望で集まったわけではないので、この「てきとーさ」がカギです。どうせ小さいトラブルはたくさん発生するのです。

いまの日本がおかしいと思って、自ら行動できる人たちが、政治思想の右や左にとらわれずに連携していくことが必要であると私も常々発信してきていますが、まさに、この選挙ではリーダーになれる経験者と、選挙初心者のボランティアスタッフが、アメーバのように時には離れ、時にはくっつき、形を変化させていく、その動きが17日間の街宣を支えたといえるでしょう。

街宣スタッフは、中心となった10数名の精鋭部隊の他は、選挙運動はもちろん、政治活動もチラシ配りも初めてという方が大多数でした。こちらも後述しますが、選挙運動をするにあたって、一般の人がハードルの高さを感じるのは公職選挙法です。この法律をまったく知らずに選挙運動に参加するのは危険といえます。思いがけないちょっとした行動で、自らが現行犯逮捕ということもあり得るからです。かといってガチガチに法律に縛られ、萎縮してしまっても、よくありません。

即席の街宣ボランティアチームで、公職選挙法の勉強会を開催する時間もなかったので、街宣統括のとった手段は、ごくシンプルな街宣マニュアルをつくって、事前に共有して読んでおいてもらうことです。現場で、熟練の街宣リーダーに指示や判断を任せ、そこで解決できないことは統括が判断、最終判断は私に寄せられるというフローでした。

現場での動きも、熟練者が「背中を見せる」という方法を主にしながら、足りないところは言葉で補っていくなかで、最初ぎこちなかった初心者ボランティアの皆さんが、日に日に生き生きと活動していく姿が見られました。気がつくとリーダー的な人が生まれてきたり、ムードメーカー的な人が現れたり、独自のアイディアを生み出す人がいたり、まさに有機的なボランティア集団ができあがっていったのです。

◎駆けつけてくれた多くの応援弁士たち

街宣では、最終日を除くと、17箇所、14人、ワクチン被害者遺族の会の方を含めると15

人の方に応援弁士として街頭演説をしていただきました。

早くから、最終日は国会前で1万人規模の街宣をすると宣言していて、そちらの応援弁士に手を上げてくれる方もいて、合計24人、ワクチン被害者遺族の会の方を含めると26人の方に協力してもらいました。

私など「世界一嫌われ者のキチガイ医者」と自称し、反ワクチン派総帥だ内海尊師だと揶揄される人間です。この選挙中もYouTuberの医者が私の嫌われぶりを紹介していたようですし。これまでも過激と思われがちな発言は、嫌われたくてやってきたわけではないのですが、私が一番嫌いなことの一つが「二枚舌」で、本音で喋っていたら、そんなあだ名がついてしまいました。そんな私のような者の選挙応援をするとなると、どうしてもその応援者に、あの内海の味方かという色がついてしまいます。

私は、特に大きな有名な味方もほぼいないまま17年間活動してきました。すべての案件が少数派の極致の側でしたから当然のこと、唯一の同志は小児科医の故真弓定夫先生だったかもしれません。

しかし、医師や食、環境論者でいたままでは日本の状況が済まなくなってきて、立候補するに至りました。私は常に少数派だったので、テレビに出る人、芸能界で活躍する人、右翼論者も左翼論者も、どんな議員も、多数派に属すると見られる人たちのことはみんな基本的に嫌いでした。日本人ひいては人間に対して絶望し、ニーチェや原始仏教や先住民思考を基軸とし、嫌われることも意に介してはいませんでした。しかしそんな人間にもかかわらず、こうして多くの有名な方が応援弁士を引き受けてくれたこと、証紙ビラへの掲載を承諾してくださった皆さんには、感謝の念にたえません。

すべての人について触れることは紙面の都合上できませんが、裏話としていくつか挙げておくことにします。

街宣はあくまでも候補者主体で演説をするべきだと思っていたので、応援弁士の演説は国会前は別カウントとして、1人1回と決めていました。武田邦彦先生は最終日の日程は仕事の都合があって参加できないと聞いていたので、選挙2日目と最終日の前日の2回、弁士をお願いしました。

最初に応援弁士をお願いしたときにいただいたお返事には、快く承諾していただいたうえに、10個もの応援可能日時を知らせてくれました。全面的に協力していただける意思を受け取ったようで、とてもうれしく思いました。

前述したように、私はテレビに出る人も、権力者も大嫌いで、その最たる存在の大学教授なる人は1人も信用していません。すでにご存じの方もいると思いますが、私はYouTubeや他の媒体で、武田先生は信じていない、化学物質や放射能、環境問題からそれが人体に与える影響まで、意見が違うため嫌いであることを公言していました。そして科学論や医学論に対する意見の違いはいまでもあるのではないかと思っています。しかしそんなことはふたを開けてみればどうでもいい枝葉の問題でした。

ことのきっかけは参政党の内部分裂。そして古くからの友人である愛知県阿久比町会議員の中村ひとし氏から、再三に渡って武田邦彦先生と会ってほしいとお願いされていたのですが、そもそもそんな公言をしていた人間と会ってもらえないのではと、あまり乗り気ではなかったのです。

けれど、他にも武田邦彦先生と近い存在の縁ある方がいて、食事の場をセッティングしてくれることになりました。武田先生の秘書の方と4人で昼間から日本酒を酌み交わしながらざっくばらんにお話しをしたのが令和6年2月22日のことです。そのときに「ああこの人は曲がったことが嫌いで、不器用なまま80歳になってしまった人であり、各論に違いはあれど、主たるところはもしかしたら近いのかも」と思ったのです。そうして自分が東京都知事選に立候補したい気持ちがあると伝えたところ、ぜひ応援したいというお声をいただいたわけです。

その後も何度かお会いして一緒に飲む機会を重ね、ニコニコ動画に出演していただいたり、6月8日に行われた市政の会の決起集会にも足を運んで短いながらも講演をしてくださるなど、どれだけ協力してもらったかわかりません。

自称目覚めた系の人々は全部合致しないとだめであるかのようによくいいますが、人間である以上多少意見の違うところがあっても、同じ方向を向いている者同士が連携し合っていくという方法しか、もうこの国の政治に風を吹かせることはできないというのが私の主張です。武田先生をはじめ、応援弁士に来てくださった皆さんがまさに、それを体現してくれたことは希望につながります。

吉野敏明さんとはこれまでも数多く、仕事を一緒にしてきました。専門の医療関係の講座や講演会はもちろん、街頭演説に弁士として参加させてもらったり、あちらは私を嫌っていても、私はよいコンビだと思っています（笑）。

選挙中も診療の時間を割いて、時間をつくってくれて、同日2回、五反田と渋谷での応援弁士をしてくれた他、選挙前にも２人で選挙漫才のイベントを開催したこと、実は最終日の上野にも顔を出してくれたりするなど、心強い仲間です。選挙漫才では、実は吉野さんは私よりも虚無主義なのではないかと疑うような発言もあり、来ていただいた方も楽しんでもらえたのではないかと思います。

もう１人特筆すべきは、さとうみつろうさんでしょう。みつろうさんは数多くのベストセラーを出している作家であり、音楽家、YouTube登録者数は45万人、全国各地で音楽ライブや講演会を行っているインフルエンサーです。

銀座数寄屋橋で吉野さんが行った街頭演説会に応援弁士として参加したときに、みつろうさんが現場にたまたま来てくれたことがご縁で、選挙中、押上で開催予定の街宣に来てくれることになりました。みつろうさんから声をかけてくれたんですね。

沖縄出身のミュージシャンであるさとうさんは、三線を持ってきて、そこで歌ってくれるとのこと、ファン向けのSNSでも告知して、聴衆を募ってくれました。私もそれは面白いスタイルなので、とてもありがたかったのですが、実はそのやり方が公職選挙法に触れるということがわかり、現場で急遽対応を考えることになりました。

何がだめなのかおわかりでしょうか。プロミュージシャンであるさとうみつろうさんが、選挙期間中の街頭演説場所に集まった聴衆に向けて演奏することが、利益供与になるということです。利益供与とは、金品その他の財産上の利益又は役務の供与のことをいいます。プロのミュージシャンは、演奏そのものが財産なので、それを無償で提供することは買収にあたるのです。

公職選挙法については後述しますが、買収はもっとも重い選挙違反の一つで、現行犯逮捕という事例も多数あります。

講演会で講演することを生業にしている人が、応援弁士として演説しても誰も利益供与だと指摘しないのに、ミュージシャンになると途端に法に触れるというのもなかなか矛盾があって面白い事例ではありますが。

我々の陣営がとった対策としては、さとうみつろうさんが登場する時間と、私の選挙運動をはっきり分けるというものでした。のぼり旗も、選挙演説会の標旗《しょうき》も完全に車のなかにしまって、証紙ビラも配らない。私もたすきを外し、選挙運動員にも腕章を外してもらいました。

私をはじめ、スタッフも聴衆の皆さんも、みんなさとうみつろうさんの公開三線練習会を聴きにきたのだという体裁です。

さとうさんの会が終わったあと、間をあけて、選挙運動である街宣の準備を一からやって、仕切り直して、演説会を開催。さとうさんも、聴衆の一番前で演説を聞いてもらうというスタイルをとりました。

こんな苦労が実は裏ではありました。

他の応援弁士の方も、たとえば長井秀和さんが街宣で不正選挙の仕方をお話ししていたことや、池田としえさんの豪雨のなかの演説とか、お1人おひとりにドラマがあったのですが、紙面の関係上、ここでは割愛させていただきます。

◎なぜ朝の街宣をしなかったのか

選挙運動で一般にもっとも力を注ぐのが街宣です。私の場合は基本1日に3回。当初は昼の11時30分から13時、午後の14時30分から16時、夕方の17時30分から19時という時間配分で組むことにしました。都知事選は真夏の時期にあたるので、休憩を必ずはさみながら、全体として1時間ほど演説をして、残り時間は握手や写真撮影会に使うという算段でした。そもそも選挙運動でマイクを使った活動ができるのが、午前8時から午後20時までと決まっています。候補者がよくやるのが、マイクが使えない時間帯からの朝の駅立ち。たすきをかけて「おはようございます」「行ってらっしゃい」と地声で声をかけ、マイクが使える8時になると、演説をはじめるといった具合です。

しかし私は、朝っぱらからマイクで名前を連呼したりする選挙運動が超がつくほど大嫌いで、自分が寝ているときに街宣車で名前を朝から連呼している候補者には、絶対に投票しないと思ってきたので、自分が立候補する立場になったとき、真っ先に「朝の街宣はやらない」と宣言しました。

その代わり、毎朝、ツイッターと、YouTube、インスタグラム、Facebookでライブ配信するという方法をとることにしました。東京都は広い選挙区ですから、このほうが都合がよいとも考えました。夜の街宣が終わって、21時ごろからも毎晩ライブ配信することを決めていたので、実際は、起きている時間のほとんどを選挙運動していたことになります。

よく身体のことを心配されましたが、私としては至って元気、身体が辛いと思ったことは一度もありません。そうはいっても街宣は緊張感もありますし、体力も使うので、朝と夜のライブ配信は、息抜きという位置付けではありました。

街宣中に心配されていたこととして、毒を盛られないか、刺されないか、などという声を聴きました。普段から、「先生は殺されないいんですか」という質問がよくあって、これには何度も答えているのですがまったくバカバカしい限りです。何もやらない人に限ってそういう妄想を抱きますが、社会運動のプロの世界でも暗殺にはルールというか、原則があるのです。暗殺されるありがちな事例を簡単に書くなら、組織内部告発、金融制度の問題に直接メスを入れる、有名になりすぎる、などであり私はこれにはあたりません。

話を選挙中に戻すと、偽善でもヒーロー願望でもなんでもなく、純粋に殺されてもよいという気持ちで過ごしていましたが、上記の理由から何も起こらないとは思っていました。日本では、ネットインフルエンサーはネットで攻撃して評判を下げるのが主ですから。

結果として、都知事選６位になったにもかかわらず、まったく私の名前はマスコミから綺麗にスルーされたことを考えると、やはり殺される心配はなかったわけです。選挙中に候補者が毒を盛られたり、刺されたり、銃撃されたりしたら、否が応でもマスコミはそれを報じないわけにはいかないでしょうから。

そういう「てきとーさ」がスタッフにも通じたのか、ピリピリとした緊張感の走る現場ではなく、私を自由にやりたいようにさせてくれていたのが非常に助かりました。

◎街宣場所の選び方

街宣場所の選定をするにあたって、私の街宣の目的を明確にする必要がありました。私は、60冊以上も本を出版していたり、ＳＮＳや動画も総フォロワー数は１００万人を超えるとはいえ、テレビや新聞に出られないので、他の有力候補者に比べて圧倒的に知名度が足りません。

なので、できるだけ人がたくさん通る大きな駅で街宣をして、人目に触れる回数を増やすことが大事でした。しかも、数百人、あるいは１０００人単位で街宣に人が集まっている光景を見せて、道ゆく人に「誰だ？」と思わせる必要がありました。

もう一つは、前述した証紙ビラをできるだけ多く配ることです。

公職選挙法で、選挙期間中にチラシが配れるのは、街頭演説の場所か、あるいは選挙事務所だけとなっています。私は確認団体登録をして演説場所以外でも、政策ビラを撒くというような小賢《こざか》しいだましのテクニックにはまったく興味がないので、長い時間一つの場所に止まって演説をして、証紙ビラを撒く必要があったのです。

そして、東京都の西側である多摩地区を重視したい、という私の意向も街宣場所の選定に反映させました。多摩地区は、30市町村もあり、自然を身近に感じることができ、都心へのアクセスもよいということで４３０万人の人口があります。東京都の人口の約１／３にあたる人が住んでいる重要地域にもかかわらず、23区内居住者と比べて声が小さく、少数派のイメージを脱しません。よくいえば、控え目。悪くいえば「東京都民です」と大手を振っていえない自信のなさがあるような印象です。

私は、児童相談所問題、精神科問題、薬害、医原病、ワクチン問題、脱原発、農薬問題など、ずっと少数派の声を拾ってきました。なので、多摩地区に足を運び、控え目で東京都のなかでもなぜか少数派のように見えてしまう多摩住民の皆さんに訴えかけるのが、私らしいのではないかという考えでした。

それらを考慮して、経験者からの意見を参考に、ある程度の17日間のスケジュールを選挙前に決めました。選挙は水ものなので、やりながら修正していくことが必要です。常に街宣リーダーチームとやり取りしながら、パズルのように街宣場所を組み替え、スケジュールを組んでいきました。応援弁士の方たちとの兼ね合い、他の候補者の方たちとの陣取り合戦もあり、刻々と状況が変わっていくのは、さながら戦場のようでした。

選挙戦とはよくいったものです。

当初は、この項目の冒頭で述べたようなスケジュールを組んでいましたが、途中、石丸陣営が山手線を巡って8箇所の街宣をしたというのを受けて、我々の陣営も小刻みの街宣を入れようという作戦に出ました。選挙6日目の山手線リレー街宣と、8日目の多摩地区リレー街宣です。

急な提案にもかかわらず、現場スタッフも柔軟に対応してくれ、両日とも10名ほどのスタッフと一緒に、電車でスピーカーやのぼり旗など、街宣に必要な備品、それに証紙ビラを運んで、30分の短い演説をしては次の場所へ移動するという方法で、8箇所での街宣を実施しました。

前半戦の早い段階で、選挙カーの移動と街宣のための演台やスピーカー、のぼり旗などの設置に時間がかかり、スタッフの負担が大きいという問題点が明らかになったので、このリレーの前日から、街宣の時間をずらして、午後は15時～16時30分、夕方は18時30分～20時というスケジュールに変更しました。

その分、私の移動時間に余裕ができたので、スピーカーとマイク、街頭演説に必要な標旗と一緒に電車移動しました。そして会場を30分ほど前から温め、演説をしつつマイクやスピーカーの調整をしたり、演台をおく場所を決めたりと、候補者である私が街宣の主導権を握るという形ができてきました。これは、他の首長選挙や国政選挙など大きな選挙ではなかなか珍しいことだそうです。通常はスタッフがすべてお膳立てをして、候補者はいわれたところで、いわれた時間演説をして、移動はエアコンの効いた車で。私の街宣はそんなスタイルから大きく外れていました。

そもそも私は特権階級というのが大嫌いです。庶民の代表という気持ちで選挙に臨んでいたので、街宣はすべて電車移動すると決めていました。たすきをつけたまま、混雑している山手線も１人で乗り、東京中を電車移動して17日間の選挙をした東京都知事候補は後にも先にも私だけかもしれません（笑）。

◎7．6国会前街宣の舞台裏

くり返しますが、私は17年間、日本全国で食や環境、福祉、教育などの問題を、ＳＮＳ、本の出版、講演会などを通してお伝えしてきました。政治的な活動は７年間やってきて、たくさんの無所属の議員さんとつながらせてもらい、いまの東京はもちろん、日本全体を少しでもよくしようと思って活動してきました。

その間、よくなるどころか悪くなる一方で、庶民は抑えつけられ、苦しんで困窮していきます。それでも我々庶民は我慢し続けてきました。諸外国のように、何か不満があればすぐにデモをしたり、暴動を起こしたりして、日ごろの溜まった怒りを爆発させるようなことをしないのが日本人の特徴です。

我慢が美徳とされ、天災に苛《さいな》まれても人智の及ぶところではないと、自分の身に起きた不幸であってもじっと受け入れる。そんな民族が日本人です。しかし、いまの日本の状況では、ごくごく普通に暮らしている人たちに命の危険までも差し迫ってきて、いま、爆発しないでいつ爆発するのかというくらい、追い詰められています。この状況を考えると、この美徳ももはや欠点に変わってしまっているのかもしれません。

私は都民の皆さんに、東京都知事選はただ東京都のトップを決めるという選挙ではなく、我々の怒りを国のトップに知らしめる選挙だと捉えてもらいたくて、「令和の一向一揆」という標語を掲げました。だから選挙の最終日には、その怒りの矛先である権力の象徴ともいえる国会前で1万人規模の街宣をする必要があると考えました。

２年前の参議院選挙がまったく同じ時期に行われました。国民運動の風が吹いたこともあって、度々参政党のことを持ち出しますが、あのときも、最終日のマイク納めで芝公園に１万人の聴衆が集まりました。ですから、不可能ではない計画のはずですが、公園と国会前では状況が大きく異なるため、スタッフには難題を突きつけたことになります。

警察による国会前の警備は厚く、正門の前ではタクシーを止めることさえも制されます。桜田門の交差点から国会前につながる道路の脇には、常に警察の車と、物々しいバスが数台止められていて、否が応でも緊張感が走ります。

我々は、はなから反社会的行動をとる気も、警察とやり合うつもりも毛頭ないのですが、「令和の一向一揆」という標語だけ見て、何やら暴動を起こすのではないかと勘繰られ、公安に目をつけられているという噂もチラホラ耳に入ってきていました。実際に街宣にも公安の人が顔を出していたようです。

だからというわけでもないのですが、国会前の街宣を無事に実施するためには警察との友好関係を築くことが必要だと考え、スタッフがまずやったことは、国会管轄署の麹町警察署の警備課で、街宣実施及び警備計画の相談をすることでした。

麹町警察署では、役付きの警察官が3名対応してくれ、街宣方法、音響設備、警備誘導に必要な人数や備品、守るべきルール、想定される問題点、警察からのお願い事項など、じっくり時間をとって話をしたそうです。警察で一番嫌われるのは、こちらのやりたいことの主張だけして、何かあったら警察が守ってくれて当たり前でしょうという態度です。具体的な実施計画と、警備計画を立てて、素人ながらも想定しうる不安材料をあらかじめ炙《あぶ》り出し、それに対して我々はこういう自主警備をしますという姿勢を見せるのが大切です。それを受けて、プロの警察側からの意見を聞き、アドバイスをもらうというのが正しい相談方法だと思います。

そうした順序をきちんと踏めば、警察はとても友好的で、協力的で、よい関係を築くことができます。こういうスタッフの対応が功を奏して、当日は、我々が国会前で街宣準備をはじめると、麹町警察署の警備課の警察官の鶴の一声で道路に停まっていた警察車両がすべてその場から移動してくれて、演説をするための街宣車をどこからでも見える位置に停車させることができました。

何事も、抜け目ない計画と準備が必要だということを実感します。

警察への相談の次に行ったのが、追加のボランティアスタッフの募集です。スタッフの人数が足りていないことが判明し、追加募集をかけたところ、100名以上の方が集まってくれました。

結局、当日は警備誘導に加えて救護班、ＳＰ班、音響班を入れて11チーム、１００名余りのボランティアスタッフが国会前街宣を下支えしてくれました。

ここまでは、決して表には見えない裏方の働きについてでしたが、続いては、表舞台の裏話に行きましょう。

最終日は昼街宣の時間を少し早めて、10時～立川で1回目を行い、14時～17時までの3時間を国会前、マイク納めは上野で18時30分～20時というスケジュールを立てていました。私が選挙中とても重視していた多摩地区を最終日に外すわけにはいきません。

マイク納めの上野については後述しますが、マイク納めで私１人が演説することにしていたので、国会前の３時間は、応援弁士の方たちにマイクリレーをしていただくというスケジュールを組みました。

応援弁士は総勢18名。休憩時間や交代時間を考慮して、１人５分から７分の割り振りをしました。

実はこの国会前の街宣ではサプライズが準備されていました。あの田母神俊雄氏が街宣車で国会前を通りかかるというものです。

最終日を待たずして、田母神俊雄氏と6月29日の朝に、直接の電話対談をすることができました。その機会をつくってくださったのは、「英霊の名誉を守り顕彰する会」会長の佐藤和夫氏と日野市議会議員の池田としえ氏です。

私はこの東京都知事選は単なる首長選挙ではなく、一部の既得権益者、全体主義や共産主義者、そのすべてに対する庶民、都民、国民の生存闘争と考えていました。そんな想いで都知事選を闘っているなかで、シンパたちの分断工作ともいえる言動も多くみられるようになってきました。自分の勝手な思想により何か一つ自分の思想と相違するものがあれば、当事者同士の交流を無視して思想の近い別の候補者と対立させるような言動です。田母神俊雄氏と私はそうやって争っているように見える候補者だったかもしれません。しかし2人の立候補者たちはそんなことはどうでもよかったようです。


2024年6月28日の武見厚生労働大臣の記者会見にもあったように、今後ワクチンなどの強制措置をとることを示唆するような発言もある状況です。都知事選では対立候補同士とはいえ、長い目で見れば、考えが近い人間が対立している場合ではありません。それを田母神氏は理解してくれました。電話対談では、一部思想の相違はあれど、ワクチン行政に反対という同意見を持つ者同士、立場や枠を超えてすべての人たちに団結を促すためにも、ワクチンなど強制化阻止の点においては対立ではなく、共闘すること、まずはワクチン推進者たちへの反対の行動を明確化することで合意しました。

両陣営の支援者たちも思想を超えて共闘することが必要です。日本人全体の問題として、一つでも思想の違いがあったら互いに対立させるということをしている場合ではありません。共通の目的を達成させるためにも共闘が必要だということを示すために、この電話対談での合意をＳＮＳで田母神氏との共同声明として発表しました。

そもそも、私は通ることが前提で都知事選に出たわけではありません。そして最終日は実際には票は固まっているのです。なので、最終日は都知事選以後のことを見据えて行動したともいえるかもしれません。

その後、共同声明だけではなく、やはり２人が実際に会って握手をする場面をこの機会につくりたいという佐藤和夫氏、池田としえ氏の願いが形になるための計画を水面下で行っていました。どこにも漏れないように、この計画は選挙・街宣責任者の幹部３名のみにしか知らせず、粛々と準備を行いました。

予定通りの時間に田母神氏を乗せた街宣車は国会前に現れ、我々の陣営の街宣車に上がられ、近現代史研究家の林千勝氏のマイクによって2人で握手をするという場面をつくることができました。まさか、デビィ夫人までが街宣車に上ってマイクを握ってくださるとは予想もしていませんでしたが、これもライブの楽しさかなと思います。

予想外のハプニングはその後も続きました。応援弁士で立つべく新幹線で東京に向かっていた高橋徳先生、鵜川和久さんと、三宅洋平さんが、停電によって新幹線に閉じ込められるという事態が起こったという知らせを受けたのは、前半を終わって後半戦に折り返す前の休憩時間でした。「遅れる」という知らせから、「間に合わないだろう」という知らせに変わるのにそう時間はかかりませんでした。

なので、最後に登壇するヘブニーズのマレさんと、池田としえさんには長めに話してもらうという対応となったのですが、ご存知の通り、マレさんが話し出すころにはゴロゴロと雷が鳴り、雨も降りはじめました。そこで大トリの登場です。雨も激しくなってくるにもかかわらず、それまで着ていたレインコートを脱ぎ捨て、私が差し出す傘も「いらない」と押し返し、雷に負けない勢いで、あの雷雨のなかで池田としえさんが吠えたのはとても印象深いシーンでした。

まさに記憶に残る国会前街宣が、図らずとも行われました。

◎7．6上野のマイク納め

マイク納めは上野でと決めていました。そもそも私のクリニックは台東区にあり、上野は地元だからです。選挙の前、初めて単独で大きな駅で政治活動としての街宣を行ったのも上野でした。余談ですが、その日は令和６年６月６日。その上、午後６時からだったので、６６６と６が４つ並んだ街宣でした。よほど６に縁があったのか、ポスターの掲示板の番号も６、得票順位も６位と、最初から最後まで６に取り憑かれていたようです。この結果、改めて内海は悪魔崇拝者だという噂が、自称目覚めた系の陰謀論軍団の間で流れました（笑）。

この6月6日の上野街宣では、予想以上に人が集まってくれました。そこでは政治の話だけではなく、「自分を大事にしましょう」という話もしましたが、口の悪いことで有名な毒舌虚無主義の世界一嫌われ医者がそんな話をするのは意外だったのでしょう。よかったといってくれる人も多く、都知事選のマイク納めも上野でと決めたときから、家族の話や根本的で哲学的な話をすると決めていました。

国会前街宣でずぶ濡れになったので、一旦クリニックに寄って着替えをし、いよいよ最後の街宣です。

上野駅に着くころにはすでに雨も上がり、新幹線に閉じ込められていた高橋徳先生、鵜川和久さんと三宅洋平さんも上野広小路口に到着しました。

新幹線に閉じ込められること3時間半。停電なので、冷房も効かないなか、ワンオペ中ということで4歳の子どもを連れて駆けつけてくれた洋平くんには、感謝の言葉しかありません。大麻に対するスタンスも芸術感もまるで違う洋平くんですが、最終日の応援弁士をお願いしたら即答でいいよといってくれました。彼が男気ある人だというのは、何がなんでも駆けつけ演説してくれたことからもわかります。

当初から、上野のマイク納めでは1時間半、私が1人で喋ることにしていたので、前半は政治の話、後半は個人的な話という分け方をしていましたが、新幹線が止まって予定が変わったことで、考えていた前半はカットしました。

そもそも参議院選に出たいといったときは、家族から猛反対を受けました。ところが都知事選はすぐに賛成してくれたのですが、実は参議院選と都知事選の間には二つの出来事がありました。それが前述した内海式精神分析を題材にしたドキュメンタリー映画の撮影・制作があったこと、そして私が謎の病気をしたことです。

常々いっていますが、私の実家は両家ともクソな浄土真宗の寺で、心から軽蔑していたので、大学に進学して東京に出てきてからというもの実家とは疎遠でした。父の葬儀にも出ていないばかりか、私は長男なのに喪主をやらなかったのです。私の妹は私の考えをよくわかっていましたので、父が死んだ段階で自分が喪主をやることを察していました。

映画で出てくる内海式精神分析では、家系図というものを重視しています。人は家系を遡っての因縁ともいうべき連鎖を引きずり、それが無意識に病苦や金銭苦、人間関係の苦を引き起こしていると考えます。私自身についても然りで、家系の因縁を無視して通るわけにはいきません。前述したように、謎の病気がひどい自殺物件を借りたことからはじまったこともあり、死が何か関係あるのではないかと考えたのです。私もいよいよ観念して京都にある浄土真宗の宗祖である親鸞の墓所、大谷祖廟へ行き、父と祖母の墓参りをし、母や妹にも久しぶりに会うということになったわけです。

自分のルーツを振り返り、そこに同行したのはいまの家族でもあり、そこから東京都知事選挙に出ようと決意した経緯があります。その過程があったからこそ、妻と娘もあっさりと立候補に賛成してくれたのでしょう。

実は、マイク納めで話した内容には伏線があるのですが、これに気づいた人は相当の内海オタクか、古くからの友人だけではないでしょうか。まるで、あちらこちらに伏線が散りばめられた漫画「ワンピース」のようですが、実は、２０１３年に出版し、いまは絶版となった『医者とおかんの「社会毒」研究』（三五館刊）のエピローグに書いている内容がマイク納め演説の伏線となっているのです。

虚無主義者である私が変わったのは、妻と結婚したからであり、自分の子どもなんていらない、血を残したくないと20代のころ思いながら、やはり妻と相談して娘が生まれたことにあります。この時系列は私の20年弱の社会活動と大きくリンクしており、２０１１年3月11日の段階で私の娘は1歳ちょっと、１歳弱までワクチンを打ってしまったことと、私がワクチン否定論者になったことは無関係ではありません。

娘が生きていく世界が健全であるように。

そのために、誰もやらないような医学の闇の世界の臨床ばかりするようになりました。そして医原病や薬害の専門家となり、社会の弱者側の本ばかりを書き、社会活動、政治活動をし、たすきをかけて17日間の選挙を戦ったわけです。根本に立ち返るという意味でも、17日間の締めくくりのマイク納めで個人的な話をする以外に選択はありませんでした。

現場には妻も娘も来ていましたが、私からはどこにいるのか見つけられず、おそらく歩道橋の上から見ているだろうと想定して、そちらを意識しながら演説を行いました。家に帰っても、特に妻と娘からはたいしたコメントはありませんでしたが、変に家族に褒め称えられてもこっ恥ずかしいだけなので、そこはそれでよしとしましょう。

ただ、選挙前から私のライブ配信をどうやら２人でかなり見ていたようで、家族というのは会話でだけわかり合うものではないのだなと改めて実感しました。テレビを見る代わりにインスタを流しているという感じなようですが、それでも見てくれているというのはうれしいものでした。

上野の街宣はこんな言葉で締めました。

人とは何をもって人と定義するのか。

いじめられてる人、濡れ衣を着せられている人を見てみぬふりはできない。選挙や活動にリスクがあろうと関係なく自分の生命をかける。それが武士道。

日本人の心というのは支配者や特権階級に迎合することとは何の関係もない。私たちは誰もが、自分を愛して自分を大事にして、そして家族を守りたい。だからこうして戦っているし、これからもずっと戦い続ける。

そんな当たり前だけれどいまの日本ではすっかり忘れられているような思いを持つ人たちとつながり、多少の主義主張の違いはあってもそれを許容して、連携していくなかで、この社会に変革をもたらすことができれば幸いです。

◎選挙戦における空中戦とは？

政治活動には、地上戦と空中戦というのがあります。

最近その分け方が変わってはきているのですが、元は、地上戦は特定の相手と直接会って行うもので、政治活動中の戸別訪問や、選挙運動中の会場で行う個人演説会がそれにあたります。

一方の空中戦は、不特定多数の人の目に触れる活動のことをいいます。朝夕駅に立って挨拶をする駅頭や、街頭演説もこれにあたり、昨今ではインターネットを使ったＳＮＳでの露出を図ることが空中戦の大事な戦略です。

ＳＮＳ戦略に重きをおくことが多くなり、その効果が目に見えて顕著になっているいま、空中戦といえば、ＳＮＳと捉えられるようになってきました。

私もそもそもFacebookを中心にＳＮＳで有名になったので、都知事選ではＳＮＳにも比重をおいていました。私が行っているＳＮＳや動画サイトは、

- Facebook（個人アカウント・ページ）
- X（旧Twitter）
- Instagram
- TikTok

・Gettr
・YouTube（3チャンネル）
・ニコ生

で、メルマガなども含めると合計フォロワー数は100万人を超えています。
それでも都知事選規模の選挙ではまったく認知度が足りておらず、私を知らない人にどうやってSNSを通じて知ってもらうか頭を悩ませました。

SNS運用にはプロがいることからもわかるように、効果的に使うにはテクニックが必要なのですが、いかんせん我々は素人集団だったので、有益だと思えるアドバイスには従ってみました。

私が毎日取り組んだことの一つに、ツイデモがあります。ツイデモは、「ツイッターデモ」の略で、政治問題などに対して独自のハッシュダグをつくって拡散していく、いわば、バーチャルデモのことです。

政治系に強いSNSといえば、やはりツイッターです。トレンドに上がってくることで、認知度を上げることができます。

拡散するハッシュタグは三つに絞りました。

＃うつみさとる　＃東京都知事選　＃令和の一向一揆

ツイデモの時間も短時間に決めて、１日３回。朝はライブ配信中の８：45—９：00　夕方は18：30—18：40　夜はライブ配信中の22：00—22：15　といった具合です。方法は、あらかじめ書く内容を下書きにしておいて、時間になったら一斉に投稿する。投稿は一つではなく、できるだけたくさん用意しておく。自分で文章が書けない人は、とにかくリツイートする。それも、必ず一言でもよいのでコメントしてリツイート。

などというルールを決めて毎日行った結果、トレンド上位に上がってくるようになりました。途中、何をやっても出てこないという期間もありましたが、ハッシュタグをつけずに投稿する文章内で「うつみさとる」と入れることを試したりして、コンスタントなトレンド入りが復活しました。

選挙がはじまる前に取り組むべきだったことは、ツイッターのプロフィール名を選挙ポスターの表記と合わせたものに変更すること、街宣情報がすぐにとれるように街宣専用アカウントをつくることでしょうか。これらは、アドバイスしてくれる人がいて、選挙途中で対応しました。

ツイッター以外は、選挙ドットコムのブログをひんぱんに更新したり、トップページに動画を貼るなど、ブログの上位をキープすることを意識しました。

毎日の朝晩のライブ配信はもちろん、17日間の街頭演説の配信やアーカイブ動画も、私のYouTubeのメインチャンネルで行う予定だったのですが、選挙がはじまる前、6月12日にYouTubeから警告があり、使えなくなるという事態が発生しました。メインの公式チャンネルは、登録者数も14万人ほどいるので痛手でしたが、サブチャンネルを利用して選挙を乗り切ることになりました。ニコ生のサイバーアタックもそうですが、こういう妨害こそがいまの選挙では一般的です。

ありがたかったのが、有名ユーチューバーさんたちとのコラボや、力のあるチャンネルのライブ配信協力です。

- アシタノワダイ　登録者数136万人
- TOLAND VLOG　登録者数75.3万人

- むすび大学　　　　　登録者数53．３万人
- さとうみつろう　　　登録者数45．２万人
- 神社チャンネル　　　登録者数26．５万人
- まなびば　　　　　　２チャンネル合計登録者数30．５万人
- ダニエル社長　　　　２チャンネル合計登録者数約18万人
- 心理カウンセラー則武謙太郎チャンネル　　登録者数７．４万人
- ちこchanel　　　　　登録者数２万人

（２０２４年８月１日現在）

など、影響力のあるチャンネルにお声かけいただいたこと、拡散してくださったこと、ありがたく思っています。

他にもYouTubeで毎日の街宣を生配信してくださった人も大勢いらっしゃいましたが、私の演説ではいわゆるYouTubeNGワードが容赦なく飛び交うので、配信系のユーチューバーさん泣かせでした。

そういうとき、まなびばチャンネルのような、経験豊富できちんとチャンネル設計をし

ているチャンネルが配信してくれたことは大きかったと思います。NGワードが発せられた時の無音のタイミング、無音中にも視聴者を飽きさせないテクニック、サムネイルのつくり方、配信後のアーカイブ動画の編集など、プロでないとできないことがあることもわかりました。

YouTubeチャンネルは、大きなチャンネルになると、もはや一つの放送局を持っているほどの影響力も持つことを考えると、同じ方向を向いているユーチューバーの人たちと連携しあって輪を広げていくことの重要性はますます高くなるでしょう。

市政の会のスタッフも、毎日暑さのなか、ときに雨のなかも頑張って配信してくれました。ツイッターでのライブ同時視聴者数はまなびばチャンネルの同時視聴者数に並ぶような数字を出していたことも特筆すべきでしょう。やはり、ツイッターは政治系の発信ツールとして存在感があるということを示していることになるのかもしれません。

第3章

ここがおかしい、日本の選挙

◎偏向メディアと組織票

メディアは有名人や自分たち、いわゆる大資本・組織票に都合のよい人しか取り上げません。2024年の都知事選挙でうつみさとるを徹底的に無視したことは記憶に新しいでしょう。都合の悪いことをいう人は絶対に取り上げないのです。

2024年の都知事選挙では、当初現職小池氏と蓮舫氏の戦いのように見えましたが、途中から市長を一期やっただけの石丸氏がメディアで数多く取り上げられはじめました。そうやってあたかも、このような構図が世論であるように印象操作したり、誘導したりしていました。テレビしか見てない人の大半はそれを信じて投票してしまうでしょう。

また、政策に関する報道もほとんどありませんでした。変わり映えしないと思えば、有権者は選挙に行きません。投票に行かない人が増えれば組織票が有利になります。投票率が低くて、無関心な人が多いほうがあちらの人たちはやりやすいのです。これは2024年4月と5月に2回行われたパンデミック条約反対デモに万を超える人たちが集まったにもかかわらず、すべての大手メディアが沈黙したことも同様です。一般の人たちが関心を持たないよう、政府の意向にそぐわない活動、発言にはふたをするのがいまの大手メディアです。

都知事選においてうつみさとるに投票してくれた方は12万人を超えていますが、そんな人でもこの大規模デモを知らないケースは多いのではないでしょうか？

本来、都知事選の焦点となりうるはずの東京メトロの株式公開に関しても、知事選が終了してからメディアは取り上げはじめました。都知事選中に、大手メディアによって都民の財産である東京メトロの株売却の報道がなされていたら、小池氏のあれほどの圧勝劇はなかったのではと思います。

あくまでもスポンサー・組織票に忖度する候補者にとって有利に働く情報発信だけがされており、真の意味で有権者は自由に選択をしているといえるような状況ではありません。

そもそも組織票とは、特定の組織や団体が特定の候補者への投票を呼びかけることで得られる票です。組織には政党、政治団体、宗教団体、労働組合、企業団体、業界団体などいろいろあります。たとえば日本医師会は医師が集まる団体ですが、その政治団体として日本医師連盟という組織もつくっています。医師連盟はこれまで自民党支持に傾くことが多かったのですが、必ずそうなるとは限りません。この医師会と医師連盟が連動して政党や候補者に大きな影響を与えるわけです。そして組織はその見返りとしてなんらかの政治的権利を、候補者に求めることになるわけです。世にいう利権というやつでしょうか。

組織票においては結束を高めるために、芸能人やインフルエンサーを起用することもよく使われる手法です。中身がなくても有名人なら誰でもいいわけです。そして、これらの組織は自分たちの周囲に対しても投票依頼を行います。宗教団体による強引な投票依頼などが有名でしょう。共産党の強引な投票依頼も指摘されることがあります。この組織票がどれほどの力を持っているか、測るのは難しいのですが、政治の世界ではこれらが勝負を決めると考えられており、既存の政治家たちは組織票の取り込みに全力を尽くします。街宣などはたいして意味がないと考えているのです。そうして実際にほとんど選挙活動をしなくても、大量の得票数を得る人間が出てくるわけです。

これだけ聞くと、結局のところ組織票がなければ選挙は勝てないとなるのですが……私たちマイノリティにとって糸口といえなくもない綻びもあります。現職の小池百合子都知事は、過去2回の知事選は300万票前後を獲得して圧勝しましたが、今回の都知事選はギリギリまで立候補の表明を遅らせました。それだけ組織票だけで勝てるのか？　本人たちも自身が行ってきた不誠実が、一つの足枷となりうることを自覚しているのかもしれません。

おそらく、票計算をして、いけると判断したうえでの表明でしょうが、これまでの都政がひどかったために、普通に街宣をするとどれだけ妨害されたりヤジを飛ばされたりするかわかりません。それを避けるために現職はほとんど街宣を行いませんでした。

２０２４年の都知事選において、自公はステルス支援という形で全面的な応援からは一歩退く形をとりました。組織票を中心に動く彼らも人間です。明確に裏金問題で揺れている与党から支援を得てしまうと、世論が騒ぎ出すかもしれません。それで名目上は無所属、そして団体の取りまとめに力を注いだわけです。そうやって組織票で勝てるだろうと思っていた現職ですが、結果としては２９１万票でした。もちろんこれは断トツ一位ではあるのですが、前回の２０２０年時は３６６万だったため、75万票も組織票が逃げていると表現することもできるわけです。

令和の一向一揆や2％から5％への動きはまだまだ小さいものです。しかし既定路線だった現職再選の票が75万票逃げているのは、ある意味でそこに小さいながらも未来への可能性を感じていいかもしれません。

◎家族で票割りをする公明党

地方議会議員選挙の組織票のわかりやすい話をしておきましょう。自身で出口調査を行ったことのある都知事選ボランティアスタッフの体験談を紹介します。非常に組織票の強さを象徴しています。埼玉県のある市議会議員選挙においてですが、投票所の出口で待ち構え投票を終えたばかりの人に声をかけて、一覧で誰に投票したのかを指さしてもらいます。50代の夫婦が答えてくれたそうですが、非常に象徴的な会話をしました。

旦那『あれ？　えーっと誰だったかな…えーっと…』といいましがた投票してきたのに忘れてしまっていて…、

奥さん『ちょっと○○さんでしょ！　私が△△さんでアナタが○○さん』

旦那『そうそう！　○○さん！　ちゃんと入れた！』

奥さん『もう～ちゃんと覚えておいてよね！』

旦那『ごめんごめん！　ちゃんと入れたから大丈夫だよ！』このような調子です。

もちろん公明党の候補者は全員当選しました。出口調査をしてそれを目の当たりにした人は、組織票の明確な票割りや複数の候補者に組織として効率よく分配する強さを肌で感じ、鳥肌がたったと話してくれました。創価学会の公称世帯数は827万、他の宗教団体も日本にはたくさんあります。これらは連動して働き、確実に選挙に行ってくれるので計算しやすいわけです。

埼玉八潮市議会議員選挙では、4人の公明党議員当選者の得票数の差は130票以内に収まっていました。組織票が、非常に連携のとれた強固なものである象徴的な例でしょう。

組織の強さばかり目立った話ですが、希望を一つ示しましょう。2023年4月の統一地方選挙において、公明党は東京都において152人候補者を出して8人の落選者を出しました。一つ前の2019年において150人の候補者に対して落選者0と考えるとこれは大きな第一歩と捉えることができます。特に練馬区においては当落線上に公明党の候補者が7人おり、そのうち4人が落選しメディアにも取り上げられました。綻びはじめているのです。（追記。その後行われた2024年衆議院選挙にて、公明党は議席を減らしました。自公で過半数割れ。組織票の綻びが大きくなっていることを示しました）

彼らはこの綻びを誤魔化すためにこれから必死になるでしょう。しかし社会のなかで積み重なってきた新興宗教への不審、不義理、傲慢はより一般レベルで強くなってきています。テレビでも統一教会問題が取り上げられるようになったので、前よりも一般の人は不満を表明しやすい環境になってきています。今後の日本における宗教的な組織票は弱くなっていくのみでしょう。私たちの闘いは、現状の数だけ見れば絶望的ではありますが、地方議会のレベルでいえばまったくあきらめる必要はないのです。

◎不正選挙説はどこまで本当か？

選挙が終わるたびに、一部の陰謀論者が好ましくない結果に対して不正選挙だ！　ムサシだ！　とSNSで騒ぎ出します。私自身も世間では陰謀論者と揶揄されていますが、その一方で私自身は陰謀論者が大嫌いだと公言しており、開票機器のムサシによる不正などないことを公言しています。不正をするより組織票による票固めのほうが圧倒的に効率的でリスクが少ないからです。ムサシで不正してしまうと組織票のために暗躍する人々の顔をつぶすという側面もありますし、現場を見れば不正かどうかわかってしまいます。

東京都知事選挙において、私は正式な立候補者で選挙立会人も多くの方に協力をもらい出口調査も行った陣営です。当然のごとく不正の報告はありません。むしろ不正にならないそれ以前の票固めのほうが非常に巧妙だといえるのです。投票所での不正選挙について騒ぐ人たちは、現場を見ない者ばかりです。

医療でも、論文や研究よりも現場がすべてであると述べてきたことと同じです。現場を見ればムサシはただの票を数えるための機械に過ぎません。ムサシ導入に関しては麻生グループの利権ということで、その意味で問題はあるのですが、それとムサシが票操作できるかは別モノなのです。開票は立会人と公務員によってトリプルチェックします。えりアルフィヤジャンプなどという開票終盤になって急に票がジャンプアップしたかのように見える現象があります。これを捉えて騒ぐ人も多いですが、これにはきちんとした理由があります。票はまとめられ、希望した立会人10名によって束に判子を押されて積み上げられます。得票数が多い候補者ほどあとから数える慣習のようなもので得票数が発表されることが多いので、終盤に一気に伸びたかのように見えてしまっているだけなのです。立会人も希望者が多ければ抽選となります。

不正だと騒ぐ一部のネット民への対応から起きたのか定かではありませんが、２０２２

年の千葉県野田市市議会議員選挙においては、開票所を開放し作業を間近で見学・撮影共に自由にする対応までしています。現場も、ネットにおいて一部が騒ぐ根拠のない誤解を解きたいという表れでもあるでしょう。不正などやりようがないからこそ内部告発も起きません。ムサシによって開票結果が操作されるなどという、現場を見ようともしない陰謀論を語る者によって、まともに少数派の権利を訴える人も、頭がおかしい連中だと一括りにされるのです。実はそれを狙って利権側なのに不正選挙だ〜と騒ぐ輩もいます。これはマッチポンプによる情報操作のためにやっているわけです。

この国は組織票をどう取り込むか？ という選挙が主流となっています。だから有力候補は組織票しか考えません。しかし、機械で票操作すると組織票の前提が崩れるのです。もし不正があるとしたら期日前投票のほうが危ないでしょう。中身をすり替えやすいし、何より身分証もなく投票できます。皆さんも投票券を出すとき本人確認されないはずです。つまり皆さんだってやろうと思ったら、人の投票券で投票することが可能なわけですから、このほうがよほど不正の温床となる可能性があるのですが、しかし陰謀論者はそこは指摘しません。ムサシを悪者にしたいというくだらない正義と目的が崩れるからです。

応援弁士の議員が、かつて所属していた宗教組織の幹部が1人で35人分の投票を変装などをして行っていた話をしました。また２０１５年には愛媛県で県議会選挙の投票箱を運ぶ海上タクシーが火災を起こし市の職員が行方不明になるという事故が起きています。それが何を意味するのか、報道でも触れていませんが不自然な事故であったことはいうまでもありません。そもそも組織票も期日前投票も不正だらけだという人がいるかもしれません。それはわかりますが、実際はシステムの隙をついているだけ、そしてムサシは関係ないのです。

アメリカでも期日前投票やネット投票のほうが問題でした。そうするとこの問題はどう解決すればいいんだというジレンマを生みます。選挙システムを変えるにはシステム改変が必要、しかし議会を通すための国会議員数が足りず法律を変えられない、だから一部の陰謀論者は何かのせいにしたいわけです。

しかし、政治が変わらない問題の本質はいまの日本人全員が自分たちで動かず、回りのせいにすることに慣れきっていることにあります。無関心もある意味責任逃れの一種です。だから選挙結果に一喜一憂するなと述べました。たとえそのときは負けたとしても、選挙を通して根本的な思想や哲学の革命をしているのだと。根本が変わらない限り、たとえ勝っても継続できず、被害者意識をふりまいて終わるだけとなってしまいます。だから、少なくともうつみさとるに票を入れた人は不正で騒がないでほしいのです。そういうのは他の陣営に任せればよいのです。それよりやるべきこと、伝えるべき現場に積極的に自ら出向き、思想転換する日本人数を増やしていきましょう。私はその仲間を増やしていくためにも、東京都知事選挙という伏魔殿の門前に立ち名乗りを上げたのですから。

◎公職選挙法と政治資金規正法とグレーゾーン

公職選挙法とは日本国憲法の精神に則り、衆議院議員・参議院議員・地方公共団体の議会議員及び長（知事・市長・区長・町長・村長）に立候補し選挙を行う候補者や政党、政治団体、有権者の権利と義務、選挙運動の規則や投票、そして選挙運動の違反などを盛り込んだ、民主主義の原則を守り公正な選挙を行うための法律です。

ネットで調べると上記のような説明がなされています。もしもっと知りたければ公職選挙法の全文を調べてください。ネット上に全文が公開されています。

皮肉めいたもので、公職選挙法の欠点は規制対象である議員自らが法律をつくるというところにあります。与党がその気になれば、自分たちに有利になるようにつくり変えることすらできるでしょう。

また選挙となると、明確な公職選挙法違反であったとしても、選挙管理委員会が見逃すケースが多々あります。

都知事選挙においては、立候補の届出前に自身の立候補と投票を呼びかけるような言動を公の場において行うことは違反のはずです。しかし前述しましたが、蓮舫候補者に関しては都知事選前の街宣が公職選挙法違反ではないかということで、ニュースにもなりました。明確な映像まで残っているのにもかかわらず、選挙管理委員会も警察も動いたという話はいまだに聞いていません（２０２４年9月末日現在）。取り締まらなければ実質、ないものと同じだといえるでしょう。

政治資金規正法に関しても同様にザル法といえます。規制対象である政治家が、自ら法律をつくれる有利さに気づいているからです。政治資金規正法は、支出についてほぼ規制は存在しません。たとえば政治家の親族への支出に対して規制されていないから、実質的に私腹を肥やすことは簡単です。

また政治団体を継承しても相続税・贈与税は一切かかりません。親が議員で、自身の資産をすべて政治団体に寄付し、子が政治団体を引き継いで親の資産を非課税で相続するといったことも可能です。控除の対象ともなります。仮に私が自身の収入を政治団体に寄付し控除を受ければ課税からも逃れられます。罰則規定の時効も短くたった3年です。つくづくずるいことをしたい者たちにとっては美味しい制度です。ただ最近、この問題を指摘する政治系の YouTuber が増えてきたのは希望といえるかもしれません。

◎供託金とはなにか?

供託金とは、選挙に立候補するために法務局に納める必要がある選挙ごとに定められた金額で、条件を満たせば返金されるエントリー費用と理解してもらって差し支えないものです。当選を争う意思のない人が売名などの理由で無責任に立候補することを防ぐために定められているとされています。選挙によって金額が違い、選挙の種類によって定められています。

詳しくは以下の通りです。

- 衆議院・参議院　選挙区300万円

- 全国比例600万円
- 都道府県知事300万円
- 都道府県議　60万円
- 政令指定都市市長240万円
- 政令指定都市市議　50万円
- 市長100万円
- 市議　30万円
- 町村長　50万円
- 町村議　15万円

これらを高いと捉えるか？　安いと捉えるか？　判断は個々人に任せますが、先進国と比べると高いという意見が圧倒的です。アメリカ・ドイツ・フランス、ロシアなどでは供託金そのものがなくイギリスやカナダなどでも10万円前後。お隣の韓国も国会議員の選挙で150万円にはいかず日本の半額以下です。

供託金は各選挙の一定の条件の得票数を下回った場合に没収されます。私が立候補した東京都知事選挙の投票数6,87万9,502。都知事選の場合は、供託金が返ってくるためには有効投票数の1／10が必要です。56人の候補者で超えたのは上位3人のみ。4位以下の候補者53名は300万円が没収されたことになります。ちなみに没収された供託金は、国政選挙の場合は国庫に、地方自治選挙はその自治体に帰属することとなっています。東京都知事選挙の供託金は300万と高額でしたが、それにもかかわらず過去最多の候補者数となり、選挙ポスター掲示板を売買する、候補者との主張ともまったく関係のないポスターまで貼られました。なかには公序良俗上相応しいとはいえないものまで貼られ、世間では悪い意味で注目を浴びることとなったのです。

SNSやYouTubeなどを通して情報発信する人が増えた昨今、供託金の高額な設定だけではただの売名行為を抑止するというその目的を果たしていないことが白日の元に晒されました。

特に都知事選は日本で一番大きな地方選挙であり、その宣伝効果を考えると、300万円でも安い。なんの政治理念もない者たちが売名行為するうえで格好のターゲットです。これを防ぐには、選挙区内有権者のある一定の署名が必要、ある程度の地域に根ざした活動が本当になされているかの確認など、新しい対策が求められているのかもしれません。

◎新型コロナ問題を扱う候補者がたたかれる理由

新型コロナ問題を批判的に扱うとなぜここまでたたかれるのか。2019年末からはじまり、2020年にこの問題が本格化しはじめてからを振り返りながら考えてほしいと思います。

私は東京都知事選挙の演説では新型コロナの話を主軸にしないと決めていました。2023年の統一地方選挙においても2022年の参議院選挙においても、新型コロナ問題を全面的に押し出した候補者は得票数において惨憺たるものがあったことは記憶に新しいです。

新型コロナ問題が政治的な意図があって誘導されていることに気がついている有権者は、まだまだ少数である点もあります。しかし、この問題を全面的に押し出してきた一部の立候補者が、一般的な信用を損なう言動・行動を展開したことにより、同じような方向性の政治的主張を持つ者もまた偏見を持たれるという悪循環もありました。

また新型コロナで〝自称〟目覚めたいわゆるネット民たちが、一般社会に信用を得難い存在というのもあるでしょう。社会人として顔出しもせず、匿名でのＳＮＳの過激な言動も目立ち、はっきりいってイメージが悪いのです。

実際に私の都知事選に入ったボランティアの方が勤める飲食店には、大手新聞社の記者などが出入りしていました。その記者によると、ある程度、新型コロナの弱毒性に早期に気づいてはいたそうです。しかし、２０２０年の都知事選の「コロナはただの風邪」というキャッチフレーズと共に立候補した、一部の過激な行動をしている人と同じように見られたくないという思いから周囲に話せずにいたといいます。

私にいわせれば「コロナはただの風邪」はその通りであるし、そもそも最弱の風邪とまでいってきましたから、気持ちはわかります。しかし何度もいいますが、これは情報戦です。その言動がどのように周りに解釈され拡散されるか？　という視点がなければ、コロナがこわいということを広めたい相手にとっては、鴨がネギを背負ってきたかのように印象操作しやすい存在となるでしょう。

テレビをはじめとした大手メディアでは、反コロ・反ワクを名乗る者たちの主張よりも、その姿勢をクローズアップし、過激・乱暴・危険なイメージを流布していきます。

メディアに問題があるのはいうまでもありませんが、情報戦争においては相手の望むような罠にかかっているといわざるを得ないのです。

都知事選の直前に行われた東京15区衆議院補欠選挙においても、かつて反コロ・反ワク活動を展開していた人物が、同じ選挙区内の他の候補者を追いかけ回したり演説をぶつけるなどの行為を執拗にくり返しました。それがマスコミに取り上げられて逮捕され、さらに悪いイメージを加速させました。しかもこの人物、新型コロナ騒動がはじまった直後は、反コロ・反ワクの主張は陰謀論にすぎないと自論を展開していたのです。それはネットにも残っていて、当時の現場を担当していた人も証言しています。しかし、次第に反ワクチン運動やネットの世論が拡大してくると、過去の発言なども忘れたかのように手のひら返しで、反ワク活動を展開するという態度です。つまりこういう活動家は目の前が少し盛り上がったところを、美味しいところだけもっていって金を稼ぐ、極端な話目立てばいいという考えです。権力に楯突くスタンスだけが過激になれば、組織票を持つ側からしたらこんなに印象操作をするのにうってつけの材料もないでしょう。まともにワクチンの害を訴えている人も、同じように思われてしまえば一般からの支持を得られることはありません。

しかしネット層はこのような印象操作にコロコロ騙されるので、ワクチンの害を訴える側はいつまでたっても支持が得られないという負のループを繰り返しています。３レンジャー粛清（武田氏、吉野氏、赤尾氏）、大量離脱や秘書自殺などの問題を起こし、ワクチン反対といいながらダブルスタンダードなことをしている参政党、下水ＰＣＲまで推奨しワクチン推しだったにもかかわらず、たまに反対のふりをするれいわ新選組なども印象操作ばかりやっていますね。

残念ながら私たちマイノリティを代表する候補者は、一部の歪み切った承認欲求の塊である過去の候補者の負の遺産を受け継ぎ、逆風を潜り抜ける必要があるのです。

だからこそ２０２４年の都知事選において私は、陰謀論でよくいわれるＤＳ（ディープステイト）、人工地震、人工ウィルス、Ｑアノンのようにレッテルを貼られやすい言葉は使うことなく、訴えるのは新型コロナワクチンによる被害の実態を広める遺族会や、アメリカの公聴会でのアンソニーファウチの扱われ方など、調べればある程度たどり着きやすい事実に限定しました。これはマスコミなどから下手なバッシングを受けないようにした戦い方でもあり、一般の人でも理解しやすいようにするためでした。

一般の有権者は権力者側の全容を伝えたところで聞いてはくれません。理解には段階が必要です。現場のなかで最大限に伝わりやすく、かつ私たちマイノリティが目指す方向に向ける発信の仕方が問われます。

ネットで調べて知った気になったことを真実だといい張り、ただそのまま横流しにすることが啓蒙なのではありません。知ったことについて、どう一般の人々が共感できる伝え方ができるのか？　そこが1人ひとり問われているのです。

政治・選挙の現場でいえば、いい方・伝え方を少し工夫するだけで、かなり主義主張の歩み寄りは可能な面があります。同じ新型コロナの問題でも【新型コロナは茶番だ！】といってしまえば95％以上の人には身構えられてしまいます。しかし「4年経ち、新型コロナ対策は政治的・経済的・科学的に正しかったのか？　しっかりと検証する政治家が現れないのはおかしくないか？」と表現を変えれば現場での伝わり方はだいぶ違ってきます。

このことに共感・理解する一般の有権者のなかから、深く理解が進む人が現れてくれるのが理想であって、はじめから陰謀論ととられるような主張をぶつけることは逆効果なのです。いまは新型コロナワクチンの被害実態が認知されはじめた結果、医療従事者をはじめ介護関係者などからも、半ば強制的であったワクチン接種もいまは強制的な空気がなくなったと聞きます。

新型コロナワクチンを推し進めた行政・政治家・マスコミなどはこれから誤魔化しや責任転嫁を進めてくるでしょう。ネットで流布されている海外からの動画をただただシェアするのではなく、人として現場感や肌感覚を大切にして伝えていってほしいと思います。

２０２４年の都知事選では、反コロナワクチンを訴えた田母神氏と私を合わせて40万人近い５．７％の得票率となりました。その他にもワクチン問題を訴えている候補者はいましたし、社会矛盾を指摘する候補者を入れると、その得票率は10％以上になります。このことは、自民党をはじめ既存の国政政党側からしたら間違いなく脅威なのです。この人数は増えることはあっても減ることはありません。あとは時間と彼ら側の大手メディアを中心としたレッテル貼りや誘導との戦いです。ぜひ、話題にしてほしいと思います。有権者の割合から計算すると成人の30人に１人はこの問題を認識したといえます。小学校のクラスに１人以上はいます。そして都知事選を終えたことで、認識する人は確実に増えました。

これからまさにチャンスなのです。

◎市長クラスなら首長選挙は狙える

首長選挙とは選挙区の長を選ぶ選挙になります。

- 都道府県知事
- 市区町村長がそれにあたります。

私は都知事選に挑戦し、12万1，715票、得票率にして1．8％弱の得票率でした。3選を果たした小池百合子の1／24ほど。メディアがメインで取り上げた3候補合わせた得票数のほぼ1／48です。

結果だけ見れば惨敗です。私の都知事選の応援弁士に駆けつけてくれた人物には知事選経験者が3人います。

行われた順に、直近の愛知県知事選挙の末永けい氏（6．1％）（現・同県議会議員）・大阪府知事選挙の吉野敏明氏（3．5％）・熊本知事選挙の毛利秀徳氏（3．2％）です。私も含め、当選には圧倒的に程遠い数字です。得票率でいうと都知事の小池百合子氏で42％、三つの知事選では知事となった当選者が全員50％を超えました。大阪の維新の吉村知事は70％を超えています。

どこも、メディアと国政政党を軸とした組織票でがっちりと固められていることが如実に表れています。

知事選挙は中央省官庁のキャリアが選ばれるケースが多く、約半数は中央官庁出身であり、特に総務省出身が多いです。出身地でもない土地に副知事として出向したのち、その自治体の選挙で先任の跡を継ぐように知事に就任するケースが見受けられます。ここにも利権・組織票が如実に反映しています(参1)。

市区町村長は知事と比較すると地元出身の元市町村議員・都道府県議員が選ばれる率が高いです。1600を超える地方自治体のすべてのデータを持ち合わせているわけではありませんが、比較的中央官庁の影響が強いと予想される政令指定都市だけに限っても、中央官庁出身の市長は1／3程度です。都市部から離れ、人口の少ない市区町村となれば、さらに地元出身の長の率は高くなってくるでしょう。地域に根付いた候補者を選ぶ率が高いのです。

今後活動していくにあたり、知名度や利権と縁のない私たちが働きかけ、まず結果をたぐり寄せられる可能性があるのは市区町村長・議員からになってきます。

神奈川県のとある市は大臣経験者のお膝元で、同じ市長が3期続いていました。そのうち最初の当選後2期は無投票です。４期目も無投票のまま当選させるわけにはいかないと、無所属で４期務めていたまったく組織票をもたない市議が意を決して立候補し、僅差で勝ちをもぎ取り、無所属系の市長が誕生したこともあります。

その選挙のボランティア参加者が現場の空気が盛り上がっていた経緯を話してくれました。市議時代から一貫して選挙戦は自転車に乗り、文字通り市民目線で長きにわたって活動していたと地元の方々からたくさん話を聞いたそうです。

私たちが草の根活動をしていくにあたり、通じるものがあります。

◎小選挙区制度の課題

それに対して国政選挙、２０２１年の衆議院選挙自民党の得票率は41％程度です。しかし獲得議席は56％となっています。

小選挙区制度になり、それ以前の中選挙区のような政権与党内での競争が歪みました。公認をとった段階で情勢が決まることから、公認をとるため政党幹部に忖度をする候補者だけに絞られるようになってしまったといえます。

政権与党が自分たちが不利になる選挙制度改革を進めることへの期待は当然できず、現在、ここに切り込める目処は立っていません。

さらに政府や企業に都合の悪い主張をする候補者は、ＮＨＫをはじめ報道が諸派と一括りにし基本的にほぼ取り扱いません。それも大規模な国政選挙レベルでの無党派立候補者が不利な理由です。


【参考資料１】２０２４年度　全国の知事出身表（２０２４年3月31日現在）

北海道　鈴木直道　東京都職員（夕張市市民課出向）、夕張市長
青森　三村申吾　会社員、百石町長、衆院議員
岩手　達増拓也　外務省、衆院議員
宮城　村井嘉浩　陸上自衛官、宮城県議
秋田　佐竹敬久　秋田県職員、秋田市長
山形　吉村美栄子　行政書士
福島　内堀雅雄　総務省（福島県副知事）
茨城　大井川和彦　経済産業省、ＩＴ企業役員

栃木　福田富一　栃木県職員、宇都宮市議、宇都宮市長
群馬　山本一太　新聞記者、団体職員、参院議員
埼玉　大野元裕　中東調査会研究員、衆院議員
千葉　熊谷俊人　会社員、千葉市長
東京　小池百合子　ニュースキャスター、衆院議員（環境相、防衛相など）
神奈川　黒岩祐治　ニュースキャスター
新潟　花角英世　国土交通省（新潟県副知事）
富山　新田八朗　会社役員
石川　馳浩　プロレスラー、参院議員、衆院議員、文科相
福井　杉本達治　総務省（福井県総務部長・副知事）
山梨　長崎幸太郎　財務省（山梨県企画部出向）、衆院議員
長野　阿部守一　総務省（長野県企画局長・副知事）
岐阜　古田肇　経済産業省
静岡　川勝平太　早稲田大学教授、静岡文化芸術大学学長
愛知　大村秀章　農林水産省、衆院議員
三重　一見勝之　国土交通省

滋賀　三日月大造　会社員、衆院議員
京都　西脇隆俊　国土交通省
大阪　吉村洋文　弁護士、大阪市議、衆院議員、大阪市長
兵庫　斎藤元彦　総務省
奈良　山下真　新聞記者、弁護士、生駒市長
和歌山　岸本周平　財務省、衆院議員
鳥取　平井伸治　総務省（鳥取県総務部長・副知事）
島根　丸山達也　総務省（島根県環境生活部長・政策企画局長）
岡山　伊原木隆太　会社社長
広島　湯﨑英彦　経済産業省、ＩＴ企業役員
山口　村岡嗣政　総務省
徳島　後藤田正純　会社員、衆院議員
香川　池田豊人　国土交通省
高知　浜田省司　総務省
愛媛　中村時弘　会社員、愛媛県議、衆院議員、松山市長
福岡　服部誠太郎　福岡県職員、副知事

佐賀　山口祥義　総務省
長崎　大石賢吾　医師
熊本　木村　敬　総務省（前熊本副知事）
大分　佐藤樹一郎　経済産業省、大分市長
宮崎　河野俊嗣　総務省（宮崎県総務部長・副知事）
鹿児島　塩田康一　経済産業省
沖縄　玉城デニー　タレント、沖縄市議、衆院議員

●2025年以降の展望

いまの政治の状況、私たちが関わった選挙のデータの一部などを簡単ではありますが提示しました。基本的には絶望しかない状況ではあります。それはすぐに政権に私たちの意見を通したり、私たちの主義主張が主流になるのは難しいという意味です。おそらく私が生きている間に訪れることはないと断言できるほどでしょう。

そのなかで政治・選挙でのこれからの展望を示していきましょう。2022年の参議院

選において、新型コロナ騒動の問題をはじめコロナワクチンの問題を訴えていた主に二つの政治団体の得票率は合わせて約3．7％。単純な比較はできませんが、私を含めて2024年の都知事選挙においてコロナワクチン問題を訴えていた2陣営あわせての得票率は5．7％です。これは2％アップしているともいえます。

さらに都知事選においては新型コロナやワクチン・外資の問題に触れていなかったとしても、政治活動ではこれらの問題を扱っている候補者にもかなり票が集まっていました。トータルで10％を超えているとも試算できます。これはある意味では明るい兆しともとっていいでしょう。

ではこのあとどうするかです。

私うつみさとるは都知事選に引き続き、2024年10月27日に行われた衆議院選挙にも出馬いたしました。これは急であり無所属でもあり難しいことはわかっていましたが、この流れを来年再来年に向けて継続していかなければと考えています。

そして、しっかりと公のポジションにマイノリティが切り込む必要があります。そのために行動し続けます。そしてこれを読むあなた方からも自らで展望を持つ人が多く出てくることを期待します。少なくとも、いままでよりも公のポジションを目指す人間が増えていく必要があるのです。

具体的に数字でわかりやすくしてみましょう。先程、2022年の参議院選において3.7%、2024年の都知事選においては5.7%とお伝えしました。2年の間に政治のおかしさに気づいた有権者が増えました。各地方でばらつきがあるとしても、その平均値を4.5%と仮定します。

新型コロナ騒動がはじまってから、いまの日本の政治の問題に対して切り込んだ政治主張を訴えている議員の人数は200~300人程度でしょう。政党はだまし政策が多いので注意しなければならず、無所属となるとさらに人数は減ります。

全国の地方議会議員は32,021人（総務省令和3年より）。現状では全体の1%弱です。

約3000人の地方議員はほぼ市・区議会議員なので絞っても18,698人。その計算では1.6%程度です。仮に日本の現状に問題意識を持っている4.5%の票が市区議会議員に割り振られるとします。各地方自治体で投票率や費用の割れ方など複合する要素があったとしても、市民側の地方議員は1000人以上はいておかしくありません。どんなに少なく見積もっても500~600人はいなければならないのです。

しかし、先の2023年の統一地方選挙で当選したなかで、明確に新型コロナの問題や外資による日本の実質植民地化、報道の歪曲などを認知して表現して当選した議員は200人もいないのです。

つまり、現状では私たちのような社会問題について訴える候補者がそもそもいないということです。見方を変えれば、既存のほとんどの議員は既得権益側の者だということでしょう。ということは既存の議員に期待するのはむだです。これはこの4年を振り返ってわかることです。

2023年8月にNHKが新型コロナワクチン後遺症被害について報道したことで、一部の既存国政政党の議員から『実は危ないと思っていたがいえなかった』などと後出しの日和見な声が出ている、と一部のSNSで指摘されています。そもそもそんな日和見的な議員たちに期待は微塵もできません。次に同じような騒動が仕掛けられてもまた同じような態度をとるでしょう。

つまるところこの本を読んでいる私たちのなかから、挑戦する者が出てくる必要があるのです。展望とは私たち自らがつくり出す必要があるのです。ではどのように挑戦すればよいのか？

次の章ではどのように立候補していくのか？　議員や経験者などの話も踏まえたうえで

伝えていきたいと思います。

第4章

誰でも立候補できる政治素人のための裏選挙マニュアル

◎地方議員ができること

この章では、選挙に立候補するのは特別な人だという先入観を取り払い、本当は誰でも立候補できるのだということをお話しします。政治家になることへのハードルを低くして、自分の利のためではなく、本当に世の中をよくしたい、地元を住みやすい社会にしたいという志のある人が地方政治に取り組むことが、生き残りにつながると思っているからです。

また、立候補して政治家になるだけが道なのではなく、立候補する人を支えて、議会に送り出すなど、支援することが向いている人もいるはずです。

選挙は1人で戦うよりも、チームで戦略を練って動くほうが当然候補者にとってもありがたいことです。策士として頭脳を生かすのが得意な人、現場で候補者と一緒に支援者を増やすのが得意な人、それぞれの持つ特性を発揮してチームのなかから代表者として政治家が誕生すればよいのです。

市会議員や町会議員のような小さな地方議会の議員になったからといって、大したことはできないだろうと思っている人が多いと思います。ところが、その地域を変えようと思うと実にいろいろなことができるのです。むしろ国会議員のほうが人の話も聞かず利権にまみれ、地方議員のほうが本来の議員の仕事ができるともいえます。

議員になったら何ができるようになったのか？　「市民がつくる政治の会」の連携議員は次のように述べています。

『私が実感しているのは、市職員時代に提案しても無視されていたことが、議員という立場になり、市民から直接付託を受けたことによって、私の提案が無視できなくなったということです。積極的に行政側が実現に向け、動くようになったことを実感しています。また自分と同じような考えや主張、志をもつ市民の受け皿となれるようにもなりました。

そして意見を反映する活動の支援はもちろん、議会での一般質問への反映や議案質疑、採決、市民の請願の紹介議員として市などへの窓口を引き受ける、ことなどができます。

特に請願は重要な市民からの直接の訴えの一つとして、大いに皆さんに活用してほしいところです』（宮崎県小林市　能勢誠市議会議員）

請願とは国や地方公共団体の機関に対して、文書で意見や希望を表明する行為です。日本国憲法第16条で保障された国民の権利の一つで、災害や事故による損害の救済、法律の制定や廃止、公務員の罷免などについて要望を出すことができるのです。この紹介議員がないものが陳情といわれるものになります。請願のほうが、より市民の声を地方の行政に反映させる力が強いです。

地方行政を市民目線に変えていくという意味で、地方議員になる意義は非常に大きいものです。

新型コロナ問題で、マスクを外す活動やワクチンを止める活動で陳情・請願を出した方がいました。しかし、当時は一向に採択されることがなかった……では意味がないのでしょうか？ そんなことはありません。あとになって何が正しかったのか、検証するために、公文書としてしっかりと記録に残すことができます。これは議員が一般質問を行うことも同じです。また、活動というものは1回やったからすぐに結果が出るというものではありません。まさに積み重ねであり全国でそういう声が大きくなってくれば、行政は動かざるを得なくなる、というのが一般的なのです。

昨今の議員は行政の長の市長や知事に気にいられるために、忖度だらけの質問しかしないケースもあるようです。しかし本来、議員は有権者意見を反映させたり行政がしっかりと機能しているか、監視する役割を担う存在です。

そういう意味では２０１９年末からはじまった新型コロナ騒動、ワクチン問題で、議員がその機能の一部を実質的に失っているともいえます。

だからこそこの本を手にした既得権益と関係ない人たちが地方議員となり、権力をしっかり監視し、不条理な法律にはＮＯという仕組みを生み出していくことができれば、それは大きな意味を持つのではないでしょうか？

いずれにしても、普通の人が選挙に出て当選するためのマニュアルのようなものを、この章ではお伝えしていくことにしましょう。

◎政治活動と選挙運動の違い

大きく分けて、政治活動と選挙運動というものがあるという前提を外すことはできません。政治活動の定義は「個人または集団が政治に関して行うさまざまな活動」で、選挙運動は「選挙で、特定の候補者の当選を目的として選挙人に働きかける行為。公職選挙法により保護・制限される」と定義されています。

政治活動は、政治という目的を持って行われるすべての活動のことをいいます。政治上の主義や施策を推進したり支持したりすることはもちろん、それに反対することも政治活動にあたります。なので、法律上は街頭演説をしている場所で、それに対する反対意見を述べることも許されていることになります。つばさの党の行為がそれにあたりますが、選挙妨害ということで逮捕されました。その結果、公選法が改正されるということが起こるかもしれません。

また、政治活動には特定の候補者を推薦し、支持する行為、また、反対する行為も含まれており、候補者の当選を図るために行う選挙運動も政治活動に含まれると解釈されています。

しかし、公職選挙法においては、「政治上の目的をもって行われるすべての行為のなかから選挙運動にわたる行為を除いた一切の行為をいう」とされており、選挙期間中にのみ認められている選挙運動として、政治活動と区別した規制があります。

では、具体的にどんな行為が政治活動であり、選挙運動なのでしょうか。わかりやすいよう箇条書きにしてみましょう。

●政治活動

【選挙と関係のない活動】

・政策を広く普及したり、宣伝をしたり、党勢を拡大するためのビラを発行して配ったり、ＳＮＳなどで発信する活動
・後援会をつくって、会員を拡大したり、寄付を募ったり、イベントを開催したりする活動
・現職議員による議会報告会の開催
・街頭演説や講演会の開催
・地盤とする選挙区で、普段から有権者と接触して、政見などを周知する活動
・地元のお祭りに顔を出すなどの社交的行為

【立候補の準備行為】

・政党などに公認や推薦、支持を求める行為

・候補者の選考会や推薦会の開催
・立候補届け出書類の作成
・供託金の納付
・瀬踏み行為（立候補した際に、自分が当選する確率がどれくらいあるかを調査する）

【選挙運動の準備行為】
・選挙運動費用の調達
・選挙事務所借入れの内交渉
・出納責任者・選挙運動員（選挙カードライバー・うぐいすなど）などの内交渉
・個人演説会や街頭演説での応援弁士の内交渉
・演説会会場の借入の内交渉
・選挙カーや拡声器の借入の内交渉
・選挙ポスター　選挙運動用ビラ　選挙はがき　選挙公報　看板などの作成

●選挙運動

- 街頭演説
- 個人演説会
- 演説会場での証紙ビラ配布
- 選挙ポスターの掲示
- インターネット等を使っての広報と支持を求める行為
- 選挙カーを使っての街宣行為
- 新聞広告の掲載
- 選挙公報の発行
- 個々面接や、電話による選挙運動

（参考：『地方選挙の手引』令和４年　選挙制度研究会編）

政治活動から選挙運動に切り替わるタイミングは、公示日／告示日に立候補届が受理されてからとなります。

公示と告示にも違いがあります。「公示」は、憲法第七条による「天皇の国事行為」を伴う選挙のときだけに使われます。これにあたるものが衆議院の総選挙と参議院の通常選挙です。首長選挙を含むすべての地方選挙、衆参各議員の再選挙、補欠選挙には「告示」を使います。

私が経験した東京都知事選挙も、告示日を境にして政治活動から選挙運動に切り替えました。

告示日前と後で、具体的にどう活動が変わったのかの例を挙げてみます。

●告示前（政治活動）

- 市民がつくる政治の会代表としてのうつみさとるの政策チラシの作成、配布
- 会場を借りての講演会、地区ごとのうつみさとる質問会の開催
- ＳＮＳでのライブ配信
- 東京を立て直す内海さとる後援会の設立
- 選挙運動用チラシ、たすき、選挙カー看板など、選挙運動に必要なものの作成
- 街頭演説

・街頭演説に必要な備品の準備や応援弁士の交渉など街宣計画
・ボランティアの募集
・ポスター貼りマニュアルつくり
・「都知事選に立候補します」といわない

●告示後（選挙運動）

・ポスター貼り
・証紙ビラへの証紙貼り
・街宣活動
・ライブ配信
・ツイデモ
・街頭演説やＳＮＳでの投票依頼

◎選挙費用にかかる資金集め

選挙にかかる費用の資金集めについて触れておきましょう。政治資金規正法で、選挙運動期間中ではないときの公職の候補者個人への寄付は禁止されています。

では、どうやって資金を集めるのか？　政治団体への寄付は個人からであれば年間150万円まで認められていますので、個人で政治団体を設立します。公職候補者の資金を管理する個人の政治団体なので、一般的に「後援会」と呼ばれている組織がそれにあたります。名前は「後援会」でなくてもよいのですが、私の場合はわかりやすいように「東京を立て直す内海さとる後援会」という名称にしました。

政治団体への寄付は個人であれば認められていますので、周囲に応援してくれる人が多い場合は、後援会宛てに寄付を募ったり、後援会主催でイベントなどを開催したりします。イベントで得た収益は後援会の資金となります。後援会設立パーティーや、決起集会、大きなイベントや中小規模の講演会や勉強会なども、正確には政治資金パーティーと同じ扱いになります。

◎管轄選挙管理委員会や警察（捜査二課）への挨拶

政治活動をするときに公職候補者として気をつけなければならないのは、法律に抵触しないことです。前述しましたが、私はアンチも多く利権側に嫌われていますので、すぐに通報される可能性を考え、法律を守ることは特に徹底してやりました。とはいえ、公職選挙法や政治資金規正法は多岐に渡っており、すべてを把握しているわけではありません。そのつもりではなくても、知らずに違反してしまっていることもあります。

よって政治活動をはじめるときに、管轄の選挙管理委員会や警察署の捜査二課に自己紹介をしておくとよいようです。何か法律について疑問が湧いたらすぐに選挙管理委員会に電話して確認することが有効です。選挙管理委員会から明確な答えが出ないことも多いですが、要するに、「私は法律に違反しないように努力をしています」という姿勢、そして「初めてでわからないので教えてください」という姿勢を見せることが重要なのです。実際に違反しているかどうかの判断は警察に委ねられるのですが、普段から選管や警察に都度相談しておくことで、故意なのか知らずにうっかりなのかの印象がだいぶ異なりますし、実際にミスも減ります。彼らはそれが仕事なのでちゃんと丁寧に対応してくれます。

◎さまざまな手配と内交渉

2～3か月くらい前には、選挙事務所をどうするのか？　街宣車をどうするのか？　など内交渉を含めて手配しました。選挙事務所を借りるとなると、すぐに空き室が見つかるとは限りません。理想は、自分が管理している場所や知人所有の空きスペースなどを利用できるとよいです。それも含めて内交渉は早いうちに動くことが必要です。

もし街宣車を使用するのであれば、車両の手配及び運転手やうぐいす嬢の手配も必要です。特にうぐいす嬢は経験がないとみんなやりたがらないものです。

ポスター貼りや、街頭演説でのボランティアさん集めも早めに確保しておきます。このときに、買収は違反で検挙されますので、絶対にしないようにしなくてはいけません。金銭ではなくとも、何かしらの利益を供与すると買収と見なされますので、気をつける必要があります。

選挙運動で使用する選挙ポスターや公選チラシのデザイン及び印刷会社の手配も2か月前には済ませました。選挙ポスターや公選チラシは選挙初日から必要になります。デザインに約1週間、入稿して色校の確認をして実際に印刷開始までに約1週間、印刷してから納品されるまでに数日かかりますし、自治体によっては事前審査で現物の提出を求められることもあります。最低でも選挙3週間前には印刷所に入稿できるように準備します。

選挙に出るその地域に配れる公選チラシが何枚なのか、選挙管理委員会に確認することも大事なことだと思います。

◎立候補に必要な書類の準備

選挙の約1か月前には、選挙の事前説明会が開催されます。各選挙管理委員会の情報を常にチェックしておきます。説明会で立候補に必要な手続きの手引書や様式集などが配布されます。配布された手引書をもとに必要な書類を準備します。

戸籍謄本（抄本）や公認の場合、その政党または政治団体の所属証明書は必要になりますので準備します。供託金も総務省に支払って証明をもらいますが、支払いできる場所は限られているので事前に確認します。

◎選挙運動に必要な備品準備

2週間前までには選挙運動中に使用する、たすき、のぼり、拡声器などの必要備品を揃えておきます。拡声器などは、既存の議員が所持していることが多いので、借りることができるか確認しておくとよいです。

ポスター貼りなどをお願いする知り合いやボランティアさんの担当割り振りや、初日〜数日の街頭演説の予定なども、選挙がはじまる前に決めておいたほうがよいです。

こうして見ると、選挙の事前準備にどれだけの時間と労力がかかるかということがわかります。いざ、選挙がはじまれば、法に触れないよう気をつけながら、ひたすら選挙運動をやるだけです。

いまの東京の問題提起をして、政策を訴え、うつみさとるという候補者の認知度を上げ、投票依頼をする。実際立候補者になるとみんな話を聞いてくれるようになります。そうやって選挙運動を楽しむことが私も含めた素人の立候補者の人たちには重要です。

何事も準備が大事。低予算で行うことを意識しつつ、準備さえ入念にしておけばあとはやるだけ。こんなに楽で、楽しいことはありません。私も何度も身体に気をつけてといわれましたが、選挙中は至って元気、まだあと1ヶ月はできる勢いでした。経験者ならわかると思いますが、選挙というのは祭りなのです。

政治活動と選挙運動の違いで大事なことは、事前運動にあたることを政治活動中にやらないということです。私でいえば、「東京都知事選挙に立候補しますので1票よろしくお願いします」と、具体的な選挙への出馬を明言することや投票を呼びかけることは禁じられていました。なので、政治活動中は、「東京都の問題」について発信し続け、「大きな選挙があります」などと、言葉を選んでの発言に終始していました。それでも相当鈍い人でない限り「きっと都知事選に出るんだな」と思いますから。

◎狙うのは小さな選挙

では、あなたならどんな選挙に立候補するのがよいのでしょうか。

選挙といっても大きく分けて、大きな選挙と小さな選挙があります。

大きな選挙といえば、国会議員を選ぶ衆参議員選挙です。都道府県知事選挙も、都道府県によっては衆議院小選挙区が2つや3つというところもありはしますが、基本的には次に大きな選挙です。

都道府県議会議員選挙や、人口50万人を超える政令指定都市や、中核市の市議会議員選挙は地方議員選挙のなかでも大きな選挙の部類になります。

続いて、市区議会議員選挙、町村議会議員選挙という順で小さくなっていきます。

日本の地方議会は2023年の段階で1,788、地方議員数は3万2000人以上です。地方議会の内訳は、都道府県議会47、政令指定都市を含む市議会792、町議会742、村議会138、更に東京都特別区議会23となっています。

平成10年には6万4,712人だった地方議会の定数が、令和3年には3万2,579人と半減しています。都道府県や市区議会議員数は横ばいなのに対して、町村議会議員が4万0,559人から1万0,725人と1／4近くに減っていることを見ると、地方の人口減少、過疎化により議会が成り立たなくなってしまったのでしょう。地方では議員報酬が減っていて議員の成り手不足が慢性化しています。定数に対して議員数が少ないものも、こうした小さな町村では定数割れしている議会も少なくないからでしょう。

そう考えると、一番小さな選挙に挑戦すれば、当選して議員デビューする確率が非常に高いといえます。もちろん先に述べたように、議員報酬が少なく、月額10万円台から20万円台で、決してオイシイ仕事ではありません。しかし報酬という意味でいえば議員は議会がない間は副職自由と思えばよいでしょう。年の２／３近くは議会がなく、あなたの知っている有名市議会議員や県議会議員も、ほうぼうに顔を出したりイベントをやっているはずです。

つまり、ちょっとあざといいい方になりますが、地方議員とは議員の名前を生かすことができ、副職もでき、無所属であれば忖度する必要も激減する、そういう意味ではオイシイ仕事です。

そう考えると、過疎化する地方で新しいビジネスを展開しつつ、行政と一緒に地方活性化に取り組むなど、やりがいとしては十分あると思います。

ゼロイチベースで自分の可能性を広げ、社会貢献を実現したいという人にはぜひ、そのような一番小さな選挙に挑戦していただきたいです。町村議会選挙の供託金は15万円です。

町村議会の顔ぶれは、私も選挙ブログを利用している選挙ドットコムで見ることができるので、ぜひ見てみてください。見事にご老人ばかりです。若く志ある地方議員がどんどん増えれば、日本の大きな課題も、地方から変えていくことができる可能性が広がります。

次に、地元で商売をしている人や、教員経験のある人、ＰＴＡの役員をしているなど、地元で多少顔が売れている人なら、区市議会選挙に挑戦するのもよいでしょう。「若い」や「女性」というだけでも当選確率は上がります。供託金が30万円と、少しハードルは上がりますが、次項で述べるお金をかけない選挙法を採用すれば、若い人でも可能性は広がります。

各選挙の供託金額については１０２〜１０３ページをご覧ください。


ただし、供託金は、選挙で一定の得票数を得ないと、没収されて、国や都道府県、市区町村に納められることになります。没収される得票数は没収点といって、選挙によって決まっています。

有効投票数というのがあって、投票総数から白票などの無効投票数を差し引いた票数のことです。前述しましたが、都道府県知事選挙や市長選挙のような1人を選出する首長選挙の場合は、有効投票総数を10で割り、その数字未満の得票数だと没収になります。

都道府県議員や市町村議会議員選挙など、議員定数が複数ある場合は、有効投票総数をその選挙区の議員定数で割り、その10分の1未満だと没収されます。つまりこの計算法だと、得票数のハードルは相当下がります。市町村議会議員選挙だと供託金が戻ってくる可能性が高いということです。

衆参議員選挙になると、比例と選挙区でも没収点は違っていて、より複雑な計算方法となります。

選挙に出るためにはこの供託金をはじめとして、チラシやポスターの印刷代や、選挙事務所や選挙カーの経費、広告などにお金がかかります。お金をかけない選挙法についてはは後述しますが、この供託金だけは必ず事前に用意が必要になります。

選挙の大きさによって変わるのは供託金だけではありません。

選挙戦略としては、国会議員選挙では全国的に影響力のある課題や政策を掲げることが第一。メディア戦略が重要で、テレビ、新聞、インターネットなどを活用してメッセージを広く発信する必要があります。まだまだ政党のブランド力が幅を効かせ、無所属ではなかなか当選が難しいのが現状で、正直なところ、一般の人が挑戦するにはハードルが高いです。

国政レベルで政党の存在や、政党頼みの政治を変えていくのに時間がかかるのはそういう理由です。

首長選挙では逆に、政党色を消して無所属で立候補する人がほとんどです。無所属とはいえ、バックに国政政党や政治団体がついているのは当然ですが。首長選挙は1人しか選ばれず、既存政党の力が結集して向かってくるので、これも新人にはとてつもなくハードルが高い選挙です。どれだけ市長や知事が利権まみれだとわかっていてもなかなか実績のない新人が当選することはできません。

また県議会も、国会ほどではありませんがハードルが高い。立候補者が乱立することなく政党の力が同じく結集するからです。

逆に市議会や区議会などに無所属議員が多いのは、政党色で勝負するよりも、より地元住民に密着した関係性や、これまでの地域活動の功績などが評価される傾向にあるからだといえるでしょう。

◎所持金528円でも当選

皆さんは、選挙に出馬するためには多額のお金が必要だったり、有力なコネが必要というイメージをお持ちかと思います。

しかし私の知人女性に、市議会議員補欠選挙に立候補すると決めたときに所持金が528円しかなかったにもかかわらず、トップ当選を果たした強者がいると聞いたら、自分も立候補できると思える人は多いのではないでしょうか？

最低限どれくらいあれば立候補ができるのか？　という問いにもし答えるとしたら、市議会議員選挙であればすべてを自分とボランティアの方々だけで、手づくりで行うことも不可能ではありません。

そうすれば、供託金30万円とポスターとチラシ制作費合わせて、ざっくりトータル50～60万円といったところでしょう。選挙カーを借りたりするのはまた別の費用となり、ドライバーの手配など含めると一般的に50～80万ほどかかるそうです。しかし選挙カーなど借りずに必要最低限だけで当選する候補者もいます。また、市議選の場合はかなりのケースで供託金が返ってきますし、ポスター代やチラシ代なども部分的に公費で賄われます。供託金の準備などは必要ですが、実質ほとんどお金をかけずに当選することは可能です。

私は「市民がつくる政治の会」という政治団体の代表であり、この政治団体は、自分たちの利権しか考えない既存政党に疑問を呈し、本当の意味での市民のために行われる政治の実現を目指し、一般の人たちが集まった団体です。その市政の会から独自に議員を輩出しようと立ち上げたのが第1章でも述べた「市民をつなぐ党」でした。

いまは市政の会に吸収合併されて残っていませんが、この党を立ち上げたとき、世襲議員や既存政党の所属議員が当選しやすいという常識を打ち破るためにも、まったく大きな企業も組織もついていない、お金もない、ごくごく普通の人がお金をかけずに選挙に出る、一般市民が気軽に選挙に立候補できるというモデルづくりを意識しました。

ちなみに私の都知事選はざっくりではありますが、供託金300万円とは別に350万円くらいの費用をかけました。車のレンタル代、ポスターやチラシ代、のぼりや備品代、折込チラシ代などです。これは都知事選のような大きな選挙を戦うなかでは格安だと思います。また、都知事選における新聞掲載は供託金からまかなわれますが、それ自体では小さな広告しか出せません。だからほとんどの人は自分で別にお金を払ってさらに広告を追加します。これが新聞社によって値段が大幅に違います。私もこれに400万円くらいかけました。次回もし出ることがあれば別途、掲載費がかかる新聞広告は使わないようにしようと思います。新聞広告高いな~と改めて思った次第です。

◎お金をかけない選挙法

では、実際にどのようにしてお金をかけずに選挙に出るのか、具体例を紹介します。

まず、人口10万人程度の市議会議員選挙を例にとって、選挙にはどのような費用がかかるのか挙げてみます。

- 供託金
- 選挙ポスターや公選チラシなどの印刷物
- 街宣車
- 選挙事務所の家賃や光熱費
- うぐいす嬢などの車上運動員や事務員の人件費
- たすき、のぼり、拡声器などの選挙用品
- ネット回線使用料、コピー代、お茶菓子代などの雑費
- ホームページやＳＮＳ、政治活動中に活用するネットサイトなど

以上挙げたなかで、絶対的に必要な費用はありますが、かけなくてもよい経費も結構あります。

たとえば、供託金（選挙の種類によって異なりますが、市議会議員の場合は30万円）や、選挙ポスター、公選チラシの印刷代はどうしてもかかりますが、こちらの費用は供託金没収点以上の得票数を得れば公費で負担されますので返還されます。知事選挙や国政選挙以外の選挙であれば、きちんと政治活動をしていれば先ほどいったように没収される可能性が低いのです。

とはいえ、供託金や公費負担の印刷代などは選挙が終わってから返還されるので、選挙がはじまる前に支払う必要があります。一時的にこの分の費用は確保しなければなりません。

選挙ポスターや公選チラシの写真撮影やデザインなどは、知人やボランティアに依頼したり、印刷枚数も公費で負担される範囲内に収めれば、ほぼ費用はかかりません。

ただし、自分の認知度を上げるための政治活動は行う必要がありますので、その政治活動に使用する、名刺やリーフレットの印刷代はかける必要がある費用です。

この写真撮影やデザインも知人やボランティアに依頼すれば、印刷代だけで済むでしょう。印刷も増刷すると印刷単価が高くなりますので、1回で印刷が済むように計画をしっかり立てたほうがよいでしょう。

また、何社か見積もりをとれば、少しでも費用を下げることができます。

私の場合、写真撮影やデザインは市政の会スタッフに、印刷は印刷会社の経営もしているうちの職員に依頼をしたので、印刷物に関してはかなり費用を抑えることができました。

そしてお金をかけない選挙として一番大きなポイントは街宣車を使用しないことではないでしょうか。

街宣車にかかる費用は公費で負担されるからよいのでは？　と思うかもしれませんが、公費は住民の税金が使われていますし、既存政党のやり方に反対をしている一般市民が選挙に挑戦するのですから、有権者への印象としても使わないほうがよいでしょう。

それに、街宣車を使用しなければ、うぐいす嬢などの車上運動員にかかる人件費も不要になりますよね。

地域によっては当選するには街宣車を使用した選挙戦術が合っているところもありますが、特に都会では街宣車を使用する必要性はあまりなく、むしろ人通りの多いところで街頭演説をしたり、ネット戦術を駆使したりしたほうが有効かと思います。なぜなら、私自身が大きな音声を流しながら走る街宣車は嫌いで、選挙中に街宣車を見かけるたびに、「こいつには投票しない」と思ってきた人間であり、同じように感じている人は結構多いのではないかと思うからです。

ただ、ここで勘違いしないようにしてもらいたいのは、車を使うことと街宣車を使うことは同じではないことです。たとえば自分の車を選挙カーにするのは工夫すればお金はほとんどかかりません。街宣車の代わりに自転車を利用するのもありかと思いますし、私の知人にも街宣車を使用せずに自転車で選挙運動をして当選した人は幾人かいます。

選挙事務所は、自分が管理している物件や事務所、店舗、または自宅などを利用すれば家賃や光熱費、インターネット回線使用料はかかりません。そのようなスペースを所有していなかったり自宅を使用するのが嫌な人は、知人の空きスペースを借りるなどできれば費用を抑えることができます。

私は台東区でクリニックを経営していますから、そのスペースを選挙事務所としました。

たすきは候補者の名前を記載するので、どうしても用意が必要になりますが、のぼりや拡声器は既存の議員に選挙期間中借りるようにすれば新たに購入する必要はなくなります。

事務員への報酬や、運動員の交通費、お弁当代、事務所などで認められている範囲内でのお茶菓子などは一切提供しないことにして、すべてボランティアさんの自己負担とすれば、こちらもかなり費用を抑えることができます。実際に私は都知事選でボランティアさんに対して、事務員の報酬、運動員の交通費などの実費弁償、お弁当やお茶菓子の提供など一切行いませんでした。ボランティアさんには申し訳ないのですが、これは単にケチということでなく、法律の項で述べた「買収」のリスクを可能な限り下げるためでもあります。

その代わり、完全無償でも手伝ってくれる支援者を集めるのには、やはり普段からＳＮＳなどで毎日発信したり、会合やイベントなどに出向くなど、普段から露出して、人脈づくり、信頼関係の構築が重要です。地道な政治活動をしていくことがいかに重要かわかるのではないかと思います。

先に紹介した５２８円の所持金でトップ当選を果たした市議会議員も、この辺の地道な努力はかなりしていたと聞いています。ママさんの集まりが大きな力になったと聞いていますが、日々の小さい努力こそが重要であり、それが低予算での当選につながっていくのですね。

もちろん、選挙区によって戦略や戦術は異なりますので、一概にこのやり方がよいとはいえませんが、多くの点でお金をかけずに選挙に出る参考になるのではないでしょうか。

◎知名度がない人の戦い方

では知名度がない人が地元の選挙に立候補するにはどうすればいいのでしょうか?

- 地域に根ざした活動
- 自己PR活動

大きくはこの二つに分けることができます。有名人でもない限りは、あなたのことを知っている人は何百人もいません。特にマイノリティである私たちのような考え方を持っていて、社交的な場に出ることを得意としている人は多くはないでしょう。だからこそ自身を知ってもらうために地域活動とＰＲ活動をしっかり行うことを、当選経験者はよく条件として挙げています。

地域に根ざした活動として具体的には、

・地域住民が集まるお祭りやスポーツイベントの実行委員を行うこと
・清掃活動などへの参加
・高齢者や障がいを持つ人々へのサポート
・ＰＴＡ活動や子どもたちの地域活動のボランティア

などが挙げられます。参加をきっかけに地域の人々と交流をもち、自分を知ってもらうということを積み重ねていくのです。どのような活動があるかは、市の掲示板を見たり、また役所に問い合わせてみてもいいと思います。

当選するために、これが後述する自己ＰＲ活動と共にメインの活動となってきます。真面目に活動していくなかで自分の名が伝わっていく、いわゆる口コミが生まれていく過程で自身の活動の評価として伝わっていきやすいものです。

ただし当然、これらは基本中の基本となってくるので、既存の議員も行っていることがほとんどです。中途半端な気持ちで行えば既存の議員と比較されることもあるので、やる以上はより積極的に参加をすることが求められます。善意の参加で、本人は真剣なつもりであっても、中途半端な参加は悪評を生むこともあり得ます。自身が何に参加すればより注力することができるのかしっかりと模索する必要があるでしょう。また、これらの地域に根ざした活動は、自身が立候補するにあたり掲げる公約や政策提言を行うなどにおいて、地域住民が求めていることは何か？　そのまま現場の声を集めることにもつながってきます。

常日ごろから書籍やＳＮＳなどでも発信していることですが、もっとも現場を重視する姿勢こそが信頼につながり、ひいては選挙での１票につながります。

◎自己ＰＲ活動について

前者の地域活動と対をなす自身の存在をＰＲしていく活動は、自己の存在を中心に発信していくものです。いい換えると世間がイメージする「立候補者」として、広く認識されるための活動の中心的なものとなっていきます。

よく行われる活動に

・辻立ち
・チラシ撒き
・戸別訪問
・街頭演説

などが挙げられます。できるだけ活動に資金をかけずに選挙活動を行い、当選した人たちの話を聞いていくと右記の四つを重点的に挙げることが多いです。

・辻立ち・チラシ撒き

主に駅前やスーパーマーケット前など地域住民が集まる特定の場所でＰＲする辻立ち・チラシ撒き。こちらはとてもポピュラーな手段です。立候補を決意し、実現したい政策やキャッチフレーズを表現したのぼりやポスターに、自身の画像や名前の入ったものを作成して掲げることで、まず存在を知って覚えてもらう活動になります。(注1) 同様にチラシ撒きもコツコツ積み上げて、広く知ってもらうために重要なもので、できれば自身がまとめた政策を直に手渡しします。手応えをもっとも感じ取れる活動ともいえるので重視したほうがいい手段です。都知事選に入ったボランティアのメンバーのなかには、もっとも信頼を得て票につながるのはチラシ撒きであると訴える者もいるほどです。特にチラシ撒きは、特定の場所で定期的に行うことで通行人からの認知度が積み上げられていきます。選挙本番までの日程にもよりますが、3~6ヶ月前から週2~5日など定期的に行なうのが一般的であり、信用や組織票を持たない人にとっては必須の作業です。市町村議会議員選挙は地元でどれくらい地道に動いているかで勝負が決まります。積み重ねれば積み重ねるほどチラシの受け取りも、認知度が上がることでまた増えていくので、欠かすことのできない活動です。

・戸別訪問

地域の一軒一軒を文字通り訪問することです。あくまでも政治活動なので立候補をする趣旨を伝えることは公職選挙法上できませんが、自身が立候補をするうえで欠かすことのできない挨拶につながる活動です。しかも選挙活動期間には禁止された活動なので、選挙前に行うことに意味があります。しかし見ず知らずの家庭を訪ねていく活動故に精神的なハードルがもっとも高い活動ともいえるでしょう。現職の議員には戸別こそ一番重要という人がいるのも事実ですが、個人の性格にもより、向き不向きが分かれます。まったく戸別訪問をしないで当選する候補者もいるので、自身の性格・相性で判断して、まったく行わずに切り捨てるのも必要なことです。得意だと感じた人はむしろ積極的に行ってほしいものです。また、地域の名士や古株が１人味方になってくれると、途端に戸別訪問はしやすくなるかもしれません。

・街頭演説

これは選挙運動や政治活動において華ともいえるほど注目される活動ではあるのですが、初めて立候補する人、まして知名度がない人にとっては実はそこまで重要視されるのか？　という問題を抱えています。ある程度支援者がおり、自身が街頭演説をする間にチラシを撒いてくれるボランティアさんがいるのであれば行う意味はあるのかもしれません。しかし、その条件を整えるまでの準備やタイミングを考えると決して簡単ではなく、後述しますがスピーチが苦手だという人も決して少なくありません。現職の議員や政治好きな人で演説を重視しろという声が多いのも事実ですが、自身が向いてなければ他に注力する決断も重要でしょう。

以上、主な知名度がない人の戦い方ですが、これを一言でいうと「地道」です。これを避けることはできません。千里の道も一歩から。もし立候補を考えはじめたら、できるだけ早めに第一歩をスタートし、前述したなかから自分の気質に合ったスタイルを模索する楽しみを見つけてもらいたいものです。

（注1）公職選挙法上、自身の名前と画像は特定の条件では掲示できなくなるケースがあります。たとえば立候補予定者の画像と名前を単独で記載したポスターやのぼりを掲げられるのは立候補届出日の半年前からできなくなるなど

◎スピーチが下手な人はどうするのか？

選挙に携わるなかで、スピーチに自信が持てない、人前で立って演説するなんて恥ずかしい、ゆえに立候補なんてとてもできないという話を聞くことがあります。まったくもって気にする必要はないと断言できます。

確かに選挙の花形ともいえる街頭演説においてスピーチ力は必要なことだ、と考えるその気持ちは理解できます。しかし、果たしてそれが本当に必要なことなのか、一度有権者の立場になって考えてほしいと思います。

私の発信に目を通している人ならもう説明する必要もないことですが、いまの日本は投票率が極端に低い。国政選挙において有権者の半分ほど、50％程度しか投票に行かないのが実情です。そんな国は先進国で日本以外には存在しないでしょうし、少なくとも私は聞いたことがありません。地方議会議員選挙ともなれば40％や30％を下回る地域さえあります。それほどいまの有権者は政治に対してあきらめているのです。

そんな状況で立候補を考える人にはよくよく思い出してほしいのです。あなたは政治に関心を持つ前に、駅前などで既存の立候補者の演説に立ち止まったことがあるだろうか？ということです。見ず知らずの候補者がマイクを持って、演説をしている姿を見かけただけで足を止めたことがあるでしょうか？　あなたがそうであるように、多くの有権者も同じです。残念ながらそんなに興味はないのです。それどころか『選挙のときにだけ大きな声をあげて調子がいいもんだ』とさえ思っている有権者も多いことでしょう。だからこそ、私たちマイノリティで少数派としての意見や想いを持った候補者が、同じ土俵に立つ必要はありません。
いまの選挙の花形が演説なのであれば、いままでの選挙の積み重ねがこの利権まみれの現状を生み出しています。その象徴の一つが、演説で口先だけでいいことをいってきた政治家と、それを後押ししてきた組織票なのです。

であればそこに異を唱える私たちは、違うスタンスで挑戦することに意義はないでしょうか？　むしろスピーチが上手くない自分だからこそ耳障りのいいことがいえない、いいたくないからこそ、立候補する意義があるのではないでしょうか？　そしてその意識を形にしていくことこそ、いまの政治や選挙に信頼が持てない投票しない層、比較的ニュートラルに見ている不動票に対して、アプローチする力を持ち得ると私は信じています。特に、口は下手でも真剣な姿勢を見せていくほうが、よっぽど冷め切った有権者の目には新鮮に映るチャンスと捉えることができるでしょう。

では具体的にどうすればよいでしょうか？
前述した地域活動とＰＲ活動に自分なりに筋を通し、比較的多くの人の目に留まるように付加価値をつけていくことです。スピーチに自信がないならコツコツとチラシを撒けばいいのです。特に組織票を持った政党の候補者は、選挙の本当に直前になったときに、申し訳程度に駅やスーパー前などに立って活動するという話をよく聞きます。それも既存の支援者への活動のアリバイのため、といっても過言ではないであろう現職の議員もいたりするほどです。

チラシ撒きが苦手ならゴミ拾いでもいいでしょう。前述した地域活動で誰よりも真摯に打ち込むことも大事です。こなすのではなく真剣に自分自身の想いを形に乗せて伝えることが重要なのです。地域活動にしてもＰＲ活動にしても、ただ参加した、チラシを撒いた、訪問した、こなした…といわれるレベルのものではなく、自分自身が心底やり切ったと感じ、有権者も納得できる姿勢で活動する。つまりあるべき自分を構築していくことであり、それを表現して伝えていくことなのです。立候補するあなたの伝えたいことが心から訴えたい形で人々に響くものであれば、究極的にはなんでもよいのです。

スピーチが苦手なあなたがもし立候補するならば、あらかじめ自分の訴えたい内容を録音し、それを形にしたチラシを誰よりも多く撒くこともいいでしょう。スピーカーであなたの声で訴えながら本人がチラシを撒けばいいのです。これはすでに実績のある方法ですが、実際に行っている立候補者はまだまだ少ないです。静かに淡々とチラシを撒くのもよいですが、声が響くことで気づかれ認知されやすくもなります。そしてチラシを受け取ってもらったのであれば、そこからまた一言声をかけるのも付加価値です。『ありがとうございます』だけでもよいですし、できたら質問や要望を出してもいいでしょう。『目を通して、何か気になることがあったらなんでも連絡してみてください』と伝えてもいいでしょう。それが返ってくるこないはまた縁です。

一つ具体的なスピーチに苦手意識がある人の経験談を挙げておきましょう。その人は40代の男性で、地域の環境問題に関するチラシを2ヶ月間撒き続けました。本人は街頭演説でマイクを持つことは苦手だったので敬遠してきたのですが、ある日チラシ撒きを続けてきて、自身がなぜこのようなことをするのか？　そのことを伝えたくなったのです。地元の人たちと会話することで、自然と自分が何のために立ち上がるのか、自分自身の理解が深まっていったと話してくれました。

マイクを握り、チラシを撒くなかで受け取ってくれた人たち、会話をしてくれた人たちの想いが脳裏を駆け巡り、まるで自分が話しているのとは違うような感覚で言葉が紡いでいかれたと。そのとき、一緒にボランティアの方が撒いてくれたチラシも、通行人の人たちの受け取り率が極端に上がったということです。足を止めて質問してくれる人が格段に増えた、と報告してくれました。これは抽象的ではありますが、そこに込められた真剣な想いが受け取った人にも、またそれを目にした人にも熱意として縁ある人に伝わっていったということでしょう。

くり返しになりますが、メディアに取り上げられる既存の組織票頼みの政治家に嫌気がさしている有権者に対して、スピーチ下手なあなただからこそ、こうした意思を貫く姿勢から生まれる自信が変化していくことを感じられるのではないでしょうか。

そもそも選挙というのは、小さなものであればあるほど、そこに携わる人たちと共につくる作品だといえます。農業でいえば、収穫を祝う祭りの踊りや舞に近いものです。祭りの結果が、収穫物（得票）につながります。では、その前は何かというと、土づくりであり日々の農作業だといえるでしょう。ですから、はじめて市議選などの地方選挙に立候補する人に必要なことは、地道なチラシ撒きや、個々の挨拶になるのです。

東京都知事選挙の演説でも訴えましたが、私たちは究極のオタクでもあります。オタクの長所の一つは研究し深く掘り下げることです。その私たちが伝える手段を深く掘り下げることができたのであれば、いまの組織票頼みが主流の選挙に蟻の一穴を開けられます。私はそう信じているのです。

◎法律的にわからないことはすぐ聞く

複雑な公職選挙法ですが、細かい決まりについては判断が難しいことも多く、わからないことがあれば管轄の選挙管理委員会に電話をして、問い合わせをするというのがもっとも賢明なやり方です。それもすぐ聞くくらいの姿勢がよいでしょう。交通ルールと同じように、「これくらいは大丈夫だろう」という素人判断が思わぬ結果につながりかねません。

我々の陣営は、グレーなことはやらない、法律は遵守するという方針で都知事選を戦い抜きましたが、この公職選挙法というもの、知れば知るほど、勉強すればするほど、既存の政党、現職の議員の法律違反が目につきます。

赤信号を渡ってはいけないとか、一方通行の道路に逆走して侵入してはいけないなど、運転免許を持っていなくても一目で違反していることがわかる道路交通法と違って、公選法は学校の政治経済の時間に習うわけでもなく、一般人にとって非常にわかりにくい法律だといえます。

一定の年齢になれば被選挙権があって、日本国籍を有していること、刑事罰によって公民権が停止されていないことなどの条件さえ合えば、誰でも立候補することができるにもかかわらず、立候補に際して必要な法律の知識を教育現場で教えないというのは、甚《はなはだ》だおかしな話です。もっとも、この国の教育は生きるために本当に必要なことを教えるのではなく、奴隷を量産するために行われているので、それも致し方ないことなのかもしれません。

現職議員などが公選法で逮捕されるときは、大抵は賄賂、買収、といったお金が絡むことです。現金を渡して選挙の投票依頼をするというまさに王道のような選挙違反です(笑)。そういえば香典を渡して逮捕された人もいましたね。

大きなお金が動けば、目立って逮捕されてしまうのではと思いがちですが、数千円、数百円でも逮捕される事例があるので、注意しなければなりません。うっかりでは済まされません。たとえば、選挙期間中や、選挙の前後数ヶ月に渡っての期間、本人はもちろん、支援者が、友人知人などと食事に行って、奢るという行為がそれにあたります。高級料亭でなくても、昼の定食であっても、コーヒー一杯でも、買収ととられて、現行犯逮捕となります。

なので、立候補する場合、何をおいてもまず第一に守るべき法律が賄賂を贈ったりして買収行為をしないことです。難しいことではありません。人に奢らない、金品をあげないということを徹底すればよいだけです。

誰かと一緒に食事をした場合も、必ず個別会計で、領収書はとっておきましょう。

よく混同されるのが、候補者への金品を送る行為です。こちらは、支援者が候補者に寄付をするということになるので、政治資金団体へ一個人が1年間で150万円まで寄付することが認められています。陣中見舞いとして、冷たいものやお菓子などの差し入れをするという行為も問題ありません。

これが逆で、たとえば事務所に訪ねてきた有権者にコーヒーとケーキを出すと、それは法律違反になります。これが、日本茶とお煎餅や饅頭ならセーフという、なんとも不可思議な法律ではあります。洋風のおやつは贅沢品と捉えられていたころにできた法律だからという話を聞きましたが、戦後から時が止まったままというのはなんとも象徴的です。

街頭演説をするとき、街宣車を路上に停めたり、歩道にビールケースのような演台を設置したりして行う行為についても、「警察に許可をとってるのか」という質問を受けることがありますが、これはＮＯです。警察には許可をとっていません。これは都道府県によっても違うので、ご自身の住んでいる地域の警察署の交通課に確認が必要ですが、東京都では、道路使用許可というものがそもそも下りません。なので申請せずに、道路や歩道を使って街宣をしています。

では、法律上どうなのかというと、私たち国民は、政治活動をする権利が与えられており、政治表現の自由という権利が守られることになっています。道路交通法という法律よりも、「第二十一条　集会、結社及び言論、出版その他一切の表現の自由は、これを保障する」という憲法が上位にあるということを示しています。だから右記の件で警察に止められることはまずないということです。

しかし、この第二十一条も、憲法改正の草案では「集会、結社及び言論、出版その他表現の自由について、公益及び公の秩序を害することを目的とした活動及びそれを目的とした結社を禁止する」という規定が盛り込まれています。今後、憲法が改正された場合、私などのような人物は公の秩序を害する結社をつくっているなどとケチをつけられて、自由に街頭で演説ができなくなる日がくるかもしれません。

忘れてならないのは、「投票依頼」に関することです。「〇〇選挙に立候補した△△です。1票をお願いします」といえるのは、告示日／公示日に立候補届が受理されてから、投票日の前日の23時59分までです。告示／公示日以前の政治活動中はもちろん、投票日に投票依頼をすることは公選法に違反します。選挙期間中に投稿した投票依頼の投稿をシェアしたり、リツイートしたりすることも違反にあたるので要注意です。

選挙期間中の喧騒が、投票日にはぴたりと止んで、静かな朝の空気が流れるのは一種の緊張感と清廉さも感じるのですが、実際の選挙はそんなきれいごとではないのはいわずもがなです。

◎1回で当選できなくてもいい

仮にこれを読んでいるあなたが立候補したとします。当然、当選を目的としてするものですが、はじめて立候補する選挙において当選できないこともあるのは致し方のないことでしょう。勝負は時の運という言葉もあります。

しかし私たち少数派にとっては、当選の結果以上に大切なものがあると私は考えています。公の場において立候補の手続きを行い、主張を展開し一般有権者に是非を問うという自分たちの姿勢を示すことです。

かくいう私も東京都知事選挙において、街頭演説中『少数派を舐めるな！』と腹の底から湧き上がるような感覚で、言葉が溢れ出ていたように振り返って感じています。東京都知事選挙という日本でもっとも大きな首長選挙において、私にはなんの組織票も応援政党もありませんでした。しかもメディアがあえて取り上げないようにしているのですから、ネット層以外、ほとんど私を知りません。大きな選挙ほどテレビ知名度がものをいうのは悲しい限りですが、いまは仕方がありません。しかし多くの人たちが街頭演説現場に駆けつけ応援してくれ、政見放送や選挙公報を通して主張を届けることができました。「令和の一向一揆」と掲げ選挙戦を展開したことで、いままで私たちの主張に触れたことのない多くの一般層に、何か違和感を与える一つのきっかけとなったのです。そしてこれは続けていくことでより効果を与え、力となっていく可能性を持っているものなのです。

実際、終わったあとに街中で声をかけられる数も増えましたし、一般の方が私の話をすると、知っているという人が激増したとよくいわれます。

私が勧めている地方議会議員選挙もある意味では同じです。政見放送はありませんが、選挙区の全世帯に選挙公報は届けられます。むしろ知名度以上に立候補した人物の姿勢、特に継続性のほうが求められているともいえるでしょう。何より立候補という一大決心をしたあなたの姿を、地域の住民はその後も意識するようになります。少なくともあなたに投票した人、あるいは投票しようか迷った人は、選挙のあとにあなたがどうしているのか？どうしていくのか？を意識します。そういう人を一定数誕生させたのです。このことにこそ意味があり、次につながるものとなります。

地方議会議員選挙において、当落が確定した翌朝にもっとも辻立ちをした場所に立って、挨拶をすることを慣習とする地域も多くあります。当選者はもちろん、落選者もその場に立つことにこそ意味があると訴える議員、選挙経験者は多いです。落選者にもかかわらず悔しさを噛み殺しながら立つ姿を見て、「次入れるからな」という声かけをもらい、その次の立候補で当選を果たした人もいます。よくも悪くも日本の選挙において、政策以上に人柄や姿勢が見られているエピソードといえるでしょう。だからこそ次が本番ともいえるのです。

ある無所属の地方議会議員は、1度目の選挙で惜しくも次点でした。しかしコツコツと同じように駅やスーパーの前で立ち、地域活動なども積極的に参加した結果、その地域の次の選挙では文句なしの得票で当選しました。やはり見ている人は見ているのです。

チャレンジして成功することは大切です。しかし失敗したことは無意味ではありません。むしろあまり苦労せずに初挑戦で当選し、有頂天になって2期目で落ちる候補者も地方議会議員のなかでは多いとも聞きます。初挑戦の壁に阻まれ、だからこそ、次の挑戦においてより伝えるべきものと姿勢が見えてくるのでしょう。

私たちマイノリティにとって、継続以上に求められていることはそう多くはありません。演説でも訴えましたが、日本人は自虐的な民族です。自分を否定してそのなかから自分を成長させてきた民族だと私は確信しています。その特徴が壊れ、底力を失わされつつあるなかでの戦です。ぜひ戦い続ける姿勢を見せることによって、あなたの地域のマイノリティに闘う勇気を与えていってほしいと思います。

第5章

私が国政を考える理由

◎「2025年日本はなくなる」と「希望」を書いた理由

私は2023年2月に赤い本「2025年日本はなくなる」（廣済堂出版刊）と、2024年5月に青い本「希望」（徳間書店刊）を書きました。

この2冊の本を出版した意味とは何だったのかをお話ししたいと思います。

「2025年日本はなくなる」で私は、いまの日本の現状の危険さを散々主張しました。詳しい内容は本を読んでいただければよいと思いますが、ここではその理由をいくつかおさらいします。

まず、いまや日本の政治はすべて外資系企業、外国人投資家、権力者のために行われており、日本の富の大半が大企業や権力者に垂れ流されています。そして国内での一般的日本人の立場をどんどん低くするための政治、私たちから税金を吸い取るだけ吸い取る奴隷システムといっても過言ではない政治が行われていることが一番の問題です。

移民は増し、犯罪やトラブルが激増しています。江戸時代よりひどい増税と円安で一般国民の生活は困窮しているのと同時に、日本中の土地や不動産は外資に買収され、中小企業はたくさん倒産しています。

さらに、以下のような売国政策も。

- 種苗《しゅびょう》法改定により種の自家採取は制限され、外国の会社から種を購入しなければ農業が成り立たない状況へ。
- 公共の財産である水道は外資に売却。
- 日本の漁場を守ってきた漁業組合も外資が購入。
- 国有林も外資が運営、いまや中国企業が牛耳っているメガソーラーのために山を切り崩し、国民が払っている再エネ賦課金は中国企業に垂れ流し。
- プライバシーリスクしかないマイナカードの無理やりの保険証との統合。
- 昆虫食を推進する一方で国内の農業や畜産には支援なし。
- 食品衛生法改悪による、日本古来の健康食である自家製漬物の販売禁止。実質、大手企業の優遇措置。

これらの状況を簡単に説明すると、国民の税金、税金により築いた国民の財産をどんどん外国に貢ぎ、国民に対しては税金から逃れられないようにしっかり管理するということです。税金以外にも、水道をはじめとした社会インフラに私たちが支払う使用料の一部は配当という名目で外資にピンハネされはじめています。水道にいたっては、民営化で先行した欧米で、料金高騰、品質の劣化などさまざまな問題が発生し、世界的に再公営化の流れになっているにもかかわらず、問題を起こした外資企業への委託が進んでいるのです。

現状、収入の5割近くを税金、社会保険料でとられている状況は江戸時代の四公六民より悲惨なのです。しかし残念ながら、それに気づいていない市民が大半でしょう。

日本の情報鎖国ぶりは他にもあります。2020年よりはじまったコロナ騒動から4年が経ち、いまや世界ではコロナ、マスクそしてワクチンは巨大な詐欺であったと報じられるようになりました。超過死亡はワクチン接種がはじまったあとに激増し、世界の感染症行政トップだったアンソニー・ファウチは大量殺人者だと糾弾されています。しかし日本ではそんな報道はまったくされません。テレビや新聞の偏向報道のおかげで、ワクチン被害者たちは置き去りにされている状況です。それどころか、東京都は外資系製薬会社のファイザーと都民の健康についてのアドバイザー契約までしており、利益相反の疑いが指摘されています。武蔵村山市では住宅街でエボラウイルスの実験までやっているのです。

いったい日本は何をやっているのでしょうか？　くり返しますが、現政府が狙っているのは徹底的に国民から資産、税金、土地、会社、そして権利を奪い、さらなる増税で、国民を外資や権力者のための集金マシーンとしてしまうことです。しかしこれだけ、税金や社会保険料などが上がっても声を上げない日本人は、まさにいいようにむさぼられる羊です。

これだけ並べて見ると、日本に未来などなく絶望的だと思わざるをえないでしょう。

そんな滅亡しつつある日本で生き抜いていくために何をすべきかを記したのが「希望」です。

少し哲学的な話になるのですが、絶望的な状況における本当の意味での「希望」とはいったい何か、根本から問いたかったのです。

希望を別な言葉でいい換えれば、「望み」「期待」「願望」「夢」「祈り」「光明」などになるでしょう。いずれにしても、将来への明るい見通しを意味します。

希望を持つことはよいことであり、希望のない世界は光のない闇であるというのが一般的な希望に対するイメージだと思います。

災難や困難な出来事があってお先真っ暗なときにも、希望は生きる勇気を与えてくれます。まだ見ぬ未来への不安が頭によぎっても、希望があればそんな不安はかき消されます。希望はいつだって、負の現実から目をそらさせ、明るい気持ちをもたらします。希望という言葉が、勇気の源泉となるのです。ただし、負の現実から目をそらしてしまった結果、この勇気は単なる願望、夢と化してしまう可能性もあるのです。


絶望のなかで生きていくからこそ、希望が見い出せるとするならば、絶望と希望は表裏一体であり、そもそも希望というのは、抱いてはいけないとも考えられます。

絶望という現状に耐えるだけにしか機能していない希望はあらゆる悪よりも悪質です。希望という大うそによって現実から逃げ続けながら、私たちは絶望の世を生きながらえているると捉えることもできるのです。

私が参考とするニーチェも、「希望は本当は禍《わざわい》のなかでも最悪のものである、希望は人間の苦しみを長引かせるから」と述べています。

つまり、下手な希望を持つことこそが、絶望的なこの世の中をうそと欺瞞で塗り固め、現実逃避のお花畑で生きる手段となるリスクがあるということです。

だとすれば、私たちは希望について考えるのではなく、まず生きる意味を考えることが必要ではないでしょうか。

これまで話してきたように、漠然とした希望に逃げるのではない本当の意味での希望を見い出そうとするのならば、まずはなぜ自分が生きているのかの意味を考えてみる。そのうえで、きれいごとや体裁や常識を横におき、人間らしい「生々しさ」を打ち出していく必要があります。

具体的にはどういうことか。唯一、道標になるものは行動であり結果です。

偉大なる目的を立てると同時に、具体的な目先の目標を立てて、一つ一つ達成していく、それが人々がやるべき行動なのです。

だからこそ、その偉大なる目的のために、都知事選、そして河野太郎やワクチン問題に対して警鐘を鳴らすための衆議院選挙を経て、これからも国政や大きな自治体の選挙を視野に入れていき続けないといけません。

私の場合、偉大なる目的と売り払われた日本の状況を何とかしたい、それが自分や家族の命や生活を守ることでもあります。それを達成するためには行動をし続けるしかないのです。

◎少人数でも国政に行く意味

仮に国政選挙で、私たちと似たような思想を持つ者が1人2人当選したところで、すぐにどうにもならないのはわかっています。先に述べたさまざまな悪法は、今後も議会を通過して成立してしまうことでしょう。

それでは国政選挙に出る意味がないのではないか？ と考える人は多いと思います。しかし、私はそれでも国政について考えることに意味があると思っています。

1人2人当選するということは、全体の得票数の2％は超えているはずであり、その1人2人が同じ政治団体から出馬しているのであれば、その政治団体は国政政党としての条件を満たすことになり、堂々と国政政党を名乗ることができるのです。

それはどういうことかというと、2022年参議院選挙における参政党やNHK党、そして今回の日本保守党などが例として挙げられます。これらは比例区で2％以上とって国政政党となった少数政党です。しかしその後、参政党は党内が粛清や大量離脱者の嵐となり、大量の抗議運動や訴訟まで起こされています。ＮＨＫ党も代表自体が変わってしまい、お金の問題もあって完全に崩壊してしまいました。日本保守党はこの衆議院選挙で新しく国政政党になりましたが、東京15区で立候補していた飯山氏の発言がきっかけの内紛劇で大炎上、結局政治は同じことを繰り返すしかないのでしょうか？

私は、政党や派閥があるからこそ、このような問題が起こるのではないかと考えています。すべての政治家が無所属という縛りのなかでやらなければならないとしたら、きっといまほどひどくはならないと思っています。小競り合いはあっても、もう少し各政治家の理想論が前面に出てくるのではないかと。そういう意味で地方議員を生み出すこと、特に無所属の地方議員が増えていくことは実は非常に有効だと考えており、私が代表を務める「市民がつくる政治の会」も、地方政治を重要視した政治団体です。

「市民がつくる政治の会」も政治団体ではないか、といわれるかもしれません。それはそうなのですが、それが無所属連合のような政党や党首思想、派閥思想が出にくいものであったとしたら、日本人がどう思うか私は非常に興味があります。この連合という意味は、無所属議員がそこに所属していたとしても、無所属議員はその方針に従う必要はないという意味になります。党や幹部が上なのではなく、そこにある議会民主主義的決定思想が上になるだけです。しかも無所属議員はそれに従う必要がないとしたら?

私は、「市民がつくる政治の会」をそのような政治団体にしたいと思っているのです。そして、市政の会に所属しているいないとは関係なく、方向性が合う議員とは連携していきたいです。なぜなら、国政に比べ地方政治は議員独自の裁量が大きく、比較的自由に活動できるからです。地方議会に私たちの考えに賛同する議員がいたら、私たちの声を議会、役所、行政機関に届けることができます。

私たちの生活に直結する些細なことでも、地方議員が知らしめてくれる可能性が高いのです。


国をすぐには変えられなくても、全国の地方自治体を少しずつ変えることができれば、生き残れるチャンスは増えるでしょう。しかし、派閥政治や政党政治がはびこったままでは地方の政治が変わるチャンスはないと私は思っています。無所属議員が、ある意見ではこちらの人に賛同、ある意見では政治的に逆の立場の人と賛同、というのは人間としては当然のことであり、それが許されない政治界にこそ問題があるのではないでしょうか。

もしそんな政治思想や政治団体が新しい風として出てきて、少しずつ変化をもたらしながら生き抜いていけば、15~20年後には状況ががらりと変わっている未来が見えてくると思いませんか。

しかし、そのサバイバルを妨害する法案が可決されました。「地方自治法改正」です。地方自治法の改正案は、２０２４年５月30日の衆議院本会議において、与野党の賛成多数で可決され、２０２４年６月19日、参議院本会議で可決されました。

この改正の表向きは「大規模な災害、感染症のまん延その他その及ぼす被害の程度において、これらに類する国民の安全に重大な影響を及ぼす事態における特例」となっています。大規模な災害や感染症のまん延時に、国は自治体に対する必要な指示を出すのに閣議決定だけで手続きができ、自治体はそれに応じる義務があり、さらに資料または意見の提出も国から求められるとのことです。

建前としては、「新型コロナ措置法」や「災害対策基本法」などの個別法の規定では想定されていない事態に、国民の生命を守るために必要な場合に行使する、ということらしいのですが、これが定義もなく非常に曖昧で漠然としています。そのため運用の段階で、無制限かつ恣意的に行使される可能性があるのでは、と危惧されています。また、感染症や大規模災害などは、特に現場での判断が必要なため、判断の権限が現場を見ていない国にいくとかえって正しい対策がとれないのではないかという点も指摘されています。

国と自治体は、2000年に施行された地方分権一括法により、上下関係がなくなり、対等・協力体制へと変わりました。一方で、地方の財源は、地方交付税や国庫支出金など、国頼りとなっているのが現状で、その部分で本当の意味で対等とはいえませんでした。

現状ですら対等とはいえない関係だったのに、この法改正により、国と自治体のパワーバランスはさらに大きく崩れ、国が好き放題できるための準備が整ったというわけです。非常に曖昧な「想定できない有事や問題」がひとたび起きたら、自治体は国のいうことをすべて聞かなくてはならず、逆らえなくなるということです。これは完全に昔でいうところの「ファシズム」ではないのかと、ただならぬ危機感を覚えるのです。

この絶望的な日本で生き残るためには、派閥や政党意識がない人が国政選挙で1人2人でも当選を果たし、新しい勢力としてムーブメントを起こして、それが地方議会へと拡がっていく必要がある、と私は思っています。

◎双翼思想について

あなたは、左翼に対してどのようなイメージをお持ちでしょうか。

弱者に優しいとか、平等の社会を目指すとか、進歩的、急進派、または革命的な政治勢力を思い浮かべるかもしれません。社会主義、共産主義、個人の権利主義、進歩主義、急進的な自由主義、無政府主義傾向なども挙げられるでしょう。日本の政党でいえば、日本共産党、社民党、立憲民主党、れいわ新選組などが代表的な左翼政党です。

左翼の対立概念は右翼ですが、こちらは大音量の街宣車が、その筆頭イメージになっている人も多いでしょう。

右翼とは、保守主義、国家主義、王族主義、反助主義、排外主義的な思想や運動をいいます。または、革命・急進に対して反動・漸進を志向する政治勢力や人物を指します。概して反共産主義・反社会主義・反民主主義・国家主義・超国家主義の精神やイデオロギーを持つ、結束主義（ファシズム）的集団や、人物を意味する用語です。

右翼は政治においては、特権階級による特権の維持を目指すための社会制度を支持する層や、体制・身分・名誉・伝統的な社会格差や価値観の構造の維持を目標とする社会運動を指します。社会秩序や国民管理への支持を表すためにも使われ、保守・愛国心・国枠主義的な思想を含むとされます。

よって右翼は王族や貴族、独裁者が権力を握り、階級をつくり、力を持つものが富を得て、貧乏人はいつまで経っても貧乏の域を脱せない社会を暗によしとしています。

それをごまかすために、愛国、お国のため、天皇万歳、権力の強化、などを合言葉として、特権階級と奴隷に人民を分けていくようにするわけです。

それに対して左翼は、「いやいや、人は平等であるべきだ。弱者も強者も等しくあるべきだ」という見せかけの主張をします。富は分配され、特権階級や貴族たちを制限せよ、みな等しく権利を持ち、どんな権利も守られるべきだと訴えます。そう考えると、建前上、左翼は平等をうたう平和主義者のように思えますが、実はもっとも不平等で、平和ではない社会をつくります。それは、歴史的な共産主義国家を見れば一目瞭然です。左翼が行き着く先はファシズムが多いものです。これをサギといわずして何がサギなのでしょうか。

こうして見ると、右翼と左翼は対立していると見せかけて、特権階級を育てていくというところで、実は根っこは同じであることがおわかりかと思います。

国家主義・軍事技術・天皇制や貴族制の解体、民主主義・科学精神の導入にあたって、当時、ＧＨＱと共産党の利害は一致していました。国民が右翼に傾倒するか、左翼に傾倒するかを選んでいる限りは、支配者がもっとも得をするということを知っていたからです。つまり右翼思想も、左翼思想も、支配者側の同じ手のひらで転がされているだけだということです。

いまある政治思想やシステムはすべて、実は支配者側がつくったものであり、枠組みに過ぎないという視点で考えることが重要です。

現代社会では、政治思想は世界も日本も右翼か左翼か、保守か革新か、資本主義か共産主義かに分けられます。

たとえば、アメリカが共和党と民主党の二大政党制をつくったのは、わかりやすいシステム化です。そうやって、市民を右か左かの思想のなかに閉じ込めることによって、支配者が市民をコントロールしやすくするためです。

そんな状況下で、国民が政治に関心を持てば希望になるのかといえば、前述したように、関心を持つだけでは希望にはなりません。政治に関心を持つだけでは、正義を振りかざし、聞こえだけはよいことをいう、ヒーローチックな演出がうまい政治家の支持へと流れてしまうだけでしょう。

右翼であろうと、左翼であろうと、既存の政治思想は優生思想を持った支配者によって操られている奴隷が持つ思想システムです。すなわち新しい政治思想をつくらない限り、実は希望などないということです。

右でもなく左でもない考え方は、政治用語では「中道」といわれます。しかし、実際に自らを中道と称する人たちは、風見鶏のように適当で、私から見れば中道でもなんでもありません。

私が新しい政治思想として提唱したいのは、ときに極端に右翼的な思想であり、ときに極端に左翼的な思想であるというものです。

これは本来の人間の姿にもっとも近いものです。先住民や野生動物に限らず、生物は政治的な右や左のルールなんて背負って生まれてきません。

私はこの政治思想を、「双翼思想」と呼んでいます。この思想がもう少し浸透したら、

「翼」の文字は削除したいと考えています。現在は右翼や左翼といった言葉が浸透しすぎているので、それを意識してやめようという意味を込めて、翼の文字が入っています。

このような右翼でも左翼でもないという新しい政治思想に興味を持つ人が増えたら、そこに希望をおおいに感じられるでしょう。

少なくともこの言葉が浸透する段階で、新しい政治思想に強い興味を持った人が増えたことになります。いままでの固定観念を打破した人が増えたことにもなるわけです。

先ほど述べた無所属連合の発想もこの双翼思想からきています。そもそも世界の政治常識でいえば、政治思想のまったく違う人々が集う組織などあり得ません。しかし、私はそのような組織のほうが民主主義の原則であり、金融支配から起こる政治腐敗が減ると思っています。それは私が、人間は元々分裂しケンカしてしまうだけの生き物であり、何も決められないでうだうだやっているくらいのほうがちょうどよいと思っているからです。悪法を独裁的に閣議決定で通されるような現状と比べれば、そのほうが大多数の一般市民は助かると思いませんか。そういう意味で私は小さい政府論者だともいえます。

右翼も左翼も同じくクソなのだと思えない限り、日本の復活などあり得ないのですが、残念ながら日本ではこの双翼主義は通用しないとも感じています。

右翼は右翼思想にすべて染まらないと気が済みませんし、左翼はすべて左翼に染まらないと気が済みません。本来は人間に右翼も左翼もなく、生物学としての本質、人間としての本質から考えるのが基本のはずです。それに従えば各個人の違いはあれど、市民にとっての必要性だけを考え、時に右翼的になり、時に左翼的な考え方になるはずなのです。これをそうさせないようにしたものこそ支配者であり権力者です。貧民であり奴隷である国民たちが、どちらかを選ぶしかないと思わせることができれば、支配者の支配システムは確立します。その右翼と左翼を両方操ることが支配者の基本戦略だからです。

◎日本が復活するために何が必要か

政治は変わったほうがいい。でないと日本は終わってしまう。そうは思っていても「やっぱり政治には関わりたくない」という気持ちを持つ人が多いのではないかと思います。かつて私もずっとそうでした。

ところが、10年以上もさまざまな問題について啓蒙活動をしてきたにもかかわらず、日本が急速に売られていく状況下で、政治と社会からはもう逃げられない、逃げても何も状況は変わらず行き着く先がないと感じるようになりました。私だけではなく、私の家族の権利や未来までも脅かされているのが現状です。だから私は、私や私の家族を守るために政治活動をはじめたのです。

もしいまの日本の状況がもう少しまともな状態だったら、私は嫌いな政治になど関わることはなく、普通に上野でクリニック経営をやっていたことでしょう。

まともではないから生き残るためにしょうがなく関わっています。これは完全に生存闘争だからです。

滅亡に向かっている日本で、なぜ我々は生きているのか、いままさにそれを問いかけられているのだと思います。

社会が閉塞感を増していくに従い、一部の市民はヒーロー願望のもとに、一部の政治家や政治団体に救済を求めようとします。歴史上限りなくくり返してきた失敗です。しかし、誰かに頼って社会が変わったためしはありません。結局、誰かを頼ろうとする人々は、そのうち自分たちに都合がいい王様が出てきてくれるとでも妄想しているのでしょう。

とはいえ、私たちは社会生活を送っていく限り、嫌でも政治から逃げることはできません。日本を滅ぼす大きな元凶は政治です。政治と外国勢力、多国籍企業、メディアが結託して、一部の特権者たちが得をするシステムを少しずつ築き上げています。これを変えるのは、容易ではありません。システムの根を断ち、まったく新しいシステムを立ち上げることが必要です。そのためには私たちが行動するしかないのです。

いまの日本で圧倒的に多いのは、どこに入れても一緒、右翼系政党に入れても一緒、左翼系政党に入れても一緒、何一つ公約を守るはずもないし、どこに票を入れてもむだだと思う、選挙に行かない無党派層です。

無党派層が5割もいる国なんて日本しかありません。先進国で投票率が5割ぐらいしかない国も日本しかありません。

他国の投票率はもっと高く、投票は当たり前です。

投票結果によって、自分たちの収入が確保され、安心した生活が送れ、人権など守ってくれる、それを保ってくれるであろう政党とか政治家とか立候補者を選びます。そのくらい他国の市民は政治に対する意識が高いのです。無関心でいることで自分たちの権利が脅かされるリスク、権力を監視する必要性を理解しているからでしょう。

無党派層が異様に多いこの国で、日本が復活するための行動とは何か？

それが、くり返し述べている無所属連合という概念です。

無所属連合というのは、世の中がおかしい、日本が危機的状況である、とわかっていて、いまの与党や野党のような既存政党に期待していない無所属派の人が議員になろうとするための受け皿的な政治団体だと述べました。

スローガンはただ一つ「いまの日本の政治や政府を変えるために既存政党にＮＯ！を突きつける」です。これに賛同さえしていれば、他の思想の違いなどまったく気にする必要はありません。ルールや制約に縛られることもなく、各々が自由にそれぞれの思想で政治活動をする緩いつながりの連合組織です。個人でも他の政治団体に所属していてもスローガンが合致していれば参加できます。

そしてこの無所属派連合は、国会議員でも地方議員でも参加可能です。

地方議会に無所属議員が広がる利点は先に述べた通りで、無所属連合には必要不可欠な存在だと考えています。

そのような政治組織をつくることが、５割いる無党派層の有権者の受け皿となります。

そして５割の無党派層の人が投票に行けば、無所属連合は一大勢力ともなり得るのです。

ここで無所属連合が成り立った場合、重要なポイントがあります。くり返しますが、無所属連合はその基本方針を連合内の議会のようなもので決めたとしても、それは基本方針であり、無所属議員は必ずしもそれに従わなくてもよい、という組織であることです。上から下へならえであれば既存の政党と変わらないですから。

大小どの組織においても、常に内部分裂を起こしたり、他者のまたは他組織の批判をしてしまうのは人間の性なのかもしれません。しかし、この日本の状況下で、同じ方向を向いている者同士が足の引っ張り合いをしている場合でないのは確かです。何度も述べているように人間は分裂するのが基本であり、それが人間の愚かさの根源の一つです。ならば、分裂を前提としたほうが結果的に日本人が求める政治を体現できる、政治を市民の意見の妥協の産物として動かすことができるということです。少なくとも、分裂があったほうが一部の人間の思惑だけで動かすことはできにくいです。つまり、所属、賛同する議員の立場は平等でありながら自主性が重んじられ、共産主義や左派精神とはまったく違う精神なのです。

残念ながら、私たちのようなマイノリティは、すべての思想が一致する人などいないにもかかわらず、自分の信じている思想や歴史、信仰の対象に少しでも違うところがあると、全面的に批判して、ときには炎上すらさせる原理主義的行動に走りがちです。

いま、私たちが立ち向かうべき対象は、そんな小さな相違ではないはずでしょう。立ち向かうべきは一部の特権階級、そして優生学的思想のもとに日本を滅ぼそうとする流れです。

その大きな流れに対抗するためには、それに立ち向かうことを唯一の目標として、多少の思想や政策の違いは脇において共闘しなければ、いつまで経っても目的は達成できません。

だからこそ、それぞれの思想や政策を持ったまま参加できる「無所属派連合」なのです。

◎きれいごとの価値観を捨て去る

いまの日本にはきれいごとが蔓延しています。「自己肯定感」「自分を許そう」「イヤな人のいいところを見つけよう」「怒りは自分をつらくするだけ」など、「悟り」「許し」がブームに見えるのは私だけでしょうか。

私は、人間に仏陀のような「悟り」を開くことなど無理だと思っています。むしろ、このようなきれいごとの蔓延が、現状への妥協を生み出し、滅びに向かう最悪の状況をつくり出したのだとさえ考えています。

日本が本当に復活するためには、これら上っ面だけの価値観を捨て去る必要があるのではないでしょうか。人間はもっと生々しく、不条理があれば怒り、報復を考える生き物です。これまで日本が受けてきた仕打ちを考えれば、復讐を考える。そのような生々しい衝動を持っているのが人間です。

復讐というと、悪いイメージを持つ人も多いかもしれませんが、復讐心は人間がもつ根本原理の一つです。消そうとしても消せるものではなく、よい意味でも悪い意味でも強力な力を発揮します。それが本来の人間の本質なのであれば、悟ったふりなどやめて、強く復讐心を自覚し、復讐を果たそうとする行動で社会の変革を実現させていくことが必要です。重要なのは、復讐心をねたみやそねみに変えるのではなく、変革のための行動に変えていくことなのです。

自分の大いなる目的が明確に定まれば、復讐心はぶれない軸に変わっていくでしょう。どんな暗黒時代であっても、目的こそが生き残るための唯一の道しるべではないかと私は信じてやみません。

◎その先にある目的

日本の不条理をなんとなく自覚している人が対策としてよく「自給自足して自分で食べるものをつくっていく」といいます。これはサバイバルという観点からするとよく思えるかもしれません。実際、私もかつて自給自足は意味があると思っていました。しかし最近その考え方は甘いと考えるようになっています。

確かに国やシステムが信用できないのだから、自分で自給自足して生きていくという考えは悪くありません。しかしこの自給自足という考え方もお花畑の世界観のなかで育まれた、温室の考え方だと考えています。理由は簡単、そんな時代が来たら権力は自給自足をこそつぶしにくるからです。

つぶされてしまう事例はこれまでにもいくつもありました。自給自足する人々をカルトや新興宗教団体のように扱ってしまうというのも一つの手です。そもそも政府が種苗法を強化運用するだけで自給自足用の自家採種はできなくなります。あとはかつてモンサントがやったように、さまざまな手口で農家に対して特許侵害を訴え、破産させてしまえばよいのです。

もう一つ理由があります。自給自足という考え方は、テレビを捨てればいいという考え方と一緒で、自分さえよければいいという考え方に根差しています。たしかにサバイバルの時代では自分を大事にするのはもっとも重要であり、その点において批判はしません。

しかし、結局それは、自分たちの人権が守られていることが前提の話です。しかし、日本が滅びゆく時代に、本当にそのような人権、自由が守られ続けるのでしょうか。人権や自由は踏みにじられ、自給自足といった逃げ道は真っ先に封じられるでしょう。

つまり、私が批判したいのは、自給自足論の大半が人権や自由はこれからも保証されるという甘い見通しのうえに立った考えだということです。

くり返しますが、自給自足が悪いわけではありません。しかし、これを誰にも邪魔されずに実現するためには、その生活空間が許される社会的背景をつくることがまず先決です。そのためにこそ政治参加が必要になってくるのではないでしょうか。そのうえで、自給自足程度はせめて許されるような、小市民としてのお金と権力を持ち、カルト扱いされない地域に根差したコミュニティをつくっていく。このような過程が必要です。

では理想的な、自給自足のコミュニティとはどんなものでしょうか。

私が参考にしたいのは先住民思想です。

私は医療従事者や薬剤師、セラピストなど、いわゆる専門家に医療や食について教えるときに、「先住民に倣え」とよくいいます。現代社会に触れる前の先住民は、病気などせず、怪我や細菌による感染症などが主な死因でした。

先住民は狩猟採集したものを決してむだ遣いせず、すべて有効活用します。所有という概念を持たないため、狩猟採集したものは一族みんなで分け合うのです。

彼らは命を食べて、もらうことも、自分の命を失うことも、近いことだと考えており、死ぬということを地球と一体化するようなイメージで捉えています。

だから自分の死への執着もありません。動物系食品がよいとか悪いとか、植物系食品がよいとか悪いとかなんて発想さえも持っていません。自分が生活する自然のなかで与えられたもの、得たものを食べていくだけです。これらは現代人には非常に欠けた発想ではないでしょうか。

現代社会においては、先住民と同じように生活することは不可能です。しかし、少しだけでも先住民の目線を生活に取り入れることで、本来の生物らしい生き方を取り戻していけます。

◎「うつみん村」構想

いま私は、先住民の暮らしを参考にした独自の集落「うつみん村」をつくるプロジェクトを進めていて、それを全国で何か所かつくるようなイメージを持っています。

過疎化が著しい田舎で、粗末でもよいので自給自足のための畑ができる土地付きの安い家屋が幾つかある集落を見つけて、そこでうつみん村をつくるというよりも経営するという感覚になるでしょうか。

うつみん村への移住は、過疎化の進む自治体もしくは町や村そのものの存続を助けることになり、入村する人々は都会から離れても生き残れる環境を手に入れることになります。うつみん村は自治体と住民の相互が助け合う友好な関係を築ける集落が理想です。そこでは、住民すべてが自由に行動しながらも、やるべき仕事をしているはずです。自治を維持し続けるためには継続的な努力が必要ですから。

自治の維持を強固なものとするために、自治体住民からも無所属連合の地方議員を輩出すると、さらにうつみん村経営はやりやすくなり、住民も住みやすくなることでしょう。なぜなら、共同体の存続には、行政との連携は欠かせないものであり、自らの立場を行政に対して主張しやすくなるからです。

最初は私の会社がある周辺地域でうつみん村のモデルをつくり、うまく軌道にのったら、徐々に全国へ拡げていく予定です。

自分だけが助かればよいという考えではなく、先住民のようにみんなで自然と共存する暮らしを考えるのが「うつみん村」です。生活と政治が直結している関係であり、テレビや新聞が誘導するものから切り離すことができれば、これからの日本で生き残る大きな術《すべ》となるかな、と思っています。

第6章

特別座談会
武田邦彦×吉野敏明×内海聡

2024年9月13日銀座エルディアクリニックにて

特別座談会

武田邦彦×吉野敏明×内海聡

（名古屋大学大学院名誉教授）（歯科医師・日本誠真会党首）

2024年9月13日
銀座エルディアクリニックにて

この対談は、2024年9月に都内にて、行われました。日本の行く末に強い危機感を持っている武田邦彦氏、吉野敏明氏、内海聡氏が集まり、「いま日本の何が一番問題なのか」「我々日本人はどうするべきなのか」「一般市民にできることは何か」などについて本音で語り合いました。

◎腐りきっていた日本の病院

編集部（以下編）：本日は、よろしくお願いします。

3人ともそれぞれ各界で活躍をされていて、特に政治という世界に踏み込む必要はまったくなかったにもかかわらず、足を踏み入れてしまった。そのきっかけになった出来事および、何がおかしいと感じてそういうふうに踏み込んでしまったのかを、お1人ずつ伺えたらと思います。まず吉野先生から、お願いします。

吉野敏明（以下吉野）・・僕は大学を卒業して、東京医科歯科大学というところで仕事をはじめたわけです。そこで当然普通に保険診療をやるわけなんですが、僕が働いていた歯周病科はオペがすごく多いんです。僕も大学を卒業したあと1週間に3回とか4回ぐらいはオペをしていたんですが、そのとき血液検査が必要なわけです。その際、歯周病単独では保険での血液検査をしにくい場合があるので、「そのときはどうしたらいいんですか」と聞いたら、「B型肝炎の疑いってやっときゃ大体通るから」といわれて。「B型肝炎って全然関係ないと思うんですけど」と聞くと、「いいから、B型肝炎の疑いってやっときゃ通るんだよ」って返されました。へー、そういうもんなんだと最初思っていたわけです。要するにうそですよね。架空請求なわけです。

そういうことがあったのと、ちょっと名前出せないんですけど、自民党の奥野元法務大臣とそれから社会党の土井たか子さん、この2人が当初、教授の患者さんだったんです。国会抜け出して、時々歯が痛いから診てくれとかいって来ていたんですけど、特に奥野さんは診察のとき、ズバーンって10万円とか50万円とかお金をおくんです。で、治療すると。ところがちょうど僕が1年目のとき、平成5年くらいから、そういうのが厳しく禁止になったんです。それで奥野さんが怒って、「何だおまえ、これちゃんと正規の料金でやったら1,500円とか2,000円の仕事だったんじゃねえか。ふざけんな、このやろう」とかっていってて（笑）。

そのとき、こうやって裏金を渡したりするのが当たり前なんだと。偉い人は、いわゆる税金のつかないお金でいろいろやってるんだとわかりました。ひでえことしてるなというのがまず感じた思いです。こんなにインチキばっかりやってんだと。

それで他院にアルバイトに行ったら、もう架空請求、不正請求、がんがんやっているわけです。それであるとき、パノラマレントゲンって、あごが全部写るレントゲンを見て、バイトに行っているクリニックの院長に、「おまえ全然これ点数上がってねえじゃねえか、金儲けなきゃだめなんだよ」といわれて。それでこのレントゲン見ながら、業界用語で申し訳ないですけど、口腔前庭拡張術がとれると今度2,430点とれるとか、手術とか終わったあと、ティッシュコンディショニングがとれるとかそろばんをはじき、パン、パン、ほらって、これやっただけでもう6万円ぐらいだというわけです。これ全員にやったら、月、おまえ何百万円になるんだと。「やる気あんの、おまえ」とかいわれるわけですよ。

「あ、最低、ここ」と思いましたね。もう何もかも虚構の世界じゃんって。

その後、がんの治療がはじまり出したら、うそだらけです。内海先生の抗がん剤の話じゃないけど、何の原因除去もしないで。問題だったのは特に上顎洞《じょうがくどう》がんです。上顎洞がんって重粒子線治療ってするんですけど、1回が44万点、440万円です。それを28回とかやるんです。

内海：歯科の先生でもそれを？

吉野：もちろん。口腔外科領域だからやるわけです。それが高額療養費制度があるから、月10万円ぐらいかかるねって。本当は1億円以上かかる治療を普通にやっているんです。何じゃこりゃってことで。こんなことで国民の保険料、善意に近いお金ですよね、それを湯水のように使って医療機関が儲けている。こりゃひでえやと思ったわけです。

編：それはおいくつくらいのときですか。

吉野：26～7ぐらいのとき。だからいまから30年くらい前。これおかしいなって。それで、同業者とか学会で講演するときに話したんです。最初にほんの3分とか2分とか雑談みた

いにして、こんな統計があってねとかそんな話をしていたら、やめろといわれました。関係ないからって。何で学会でそういうことすんのっていうわけです。それで「いや、だってこれってすごい大事な問題でしょう。これあと20年、30年したら大問題になりますよ」といい返しましたけど、誰も聞いてくれなかった。何とかしなきゃと思いはじめた原点はそこです。

◎横浜市長選に出ようとして止められた

大学卒業して4年目ぐらいのときに、当時民主党の横浜の市長がいまして、名前はいえないんですけど（笑）中田さんという人がいて。確か9月ぐらいに『週刊現代』だったか『週刊ポスト』だったか、忘れちゃいましたけど、その人のキャバクラのセックススキャンダルが出たんです。それで市長をやめるとなったときに、立候補するのはいまだと思ったんです。でも地盤も看板もカバンもないわけです。自分は別に内海先生みたいに有名じゃないし、お金もあるわけじゃないし、政治家の家系でもないので、誰かが失脚したとかいうタイミングで、「私だったらこうやってできます」ってぱっと記者会見を開いて、立候補すればできると。地の利、天の利じゃないけど、時の利があると思ってやってみようと思ったんです。それで記者会見やろうと予約のために電話していたら、妻に羽交い締めにされて（笑）。「あんた何やってるの」と。政治家になって全部ぶちまけるとかそんなことより、子どもが生まれてるのに何をあなたはやってるのといわれました。

それから、神奈川県で松沢、当時の県知事がやめたときも、いまだと思い、出馬しようとしました。その時も羽交い締めにされたんです。やめなさいと。

◎参政党から立候補した経緯

内海聡（以下内海）：公式に出馬表明する前に、もう家庭内で抹殺された感じですか？
吉野：そう。もう本当に絶対だめだとかいわれて。受話器持っているのを家族中に、何かもうこうやって（もぎとられるまねをして）、「やめろー」とかいわれて。それで3回目が林文子さんが横浜市長のとき。IRの問題で、自民党がそれこそ割れたんです。これチャンスだと思って、絶対これは自民党から市長が出ないと。立憲民主党も弱い。だから結果的に第三者が横浜市長になったわけなんですけど（編注：山中竹春氏）。これもチャンスだと思って、神谷宗幣さんに電話で相談したんです。当時、神谷宗幣さんと知り合ったばかりでまだ参政党に入っていないときです。2021年6月ぐらいだったかな。

そうしたら、吉野さんって結局何やりたいのっていわれて、いま話しているようなことを話したわけです。医療の問題がひど過ぎると。不正もひどすぎると。そもそも世の中うそつきだらけだと。うそを正したいんだと。本当に真面目な人がきちんとやって、正直者が損をみる社会というのを直したいと30年前からチャンスをうかがっていたんだけど、今回はチャンスだと思うと。

するといと、「吉野さんはほんとに悪い人ですね。吉野さんは横浜市民のためだけに生きるような、そういう人間なんですか」といわれたんです。どういう意味か聞いたら、「だってそれは日本全国にいうことでしょ。場合によっては世界にいうことでしょ。横浜市長になったって、横浜市民しか幸せになんないじゃないですか。うそつき」と。来年、全国比例で参政党から出ればいいといわれたんです。それで「いや、参政党から出るにしても知名度なんか全然ないわけだから、1回横浜市長選に出ること自体、僕は意味があると思う」っていったの。泡沫候補には絶対ならない自信があると。なぜかといえば、僕は神奈川県の出身で、横浜市の出身で、それで旧神奈川一高ですよね、希望ケ丘高校という高校出身で、先輩たちもいっぱいいるし、その高校を出ている市長だとか知事だとか、そういう政治家もたくさんいるから、同窓会の力を借りてやればできるはずだと。だから絶対泡沫にはならないはずだからやりたいっていったんです。そうしたら「考え直しなさい。私はあなたよりも政治家としてのキャリアは上なんだから」といわれたので、妻に相談したんです。そうしたら、今回は反対しないっていわれたの。だけどどうせ出るなら横浜市長よりも、やっぱり全国で出たほうがいいんじゃないといわれて。それで、武田先生と一緒に立候補しちゃったんです。

◎立候補したときにはたたかれた

編：武田先生、お願いします。

武田邦彦（以下武田）：僕は学者だから、常に学問的に正しいことをいわなきゃいけないと思ってるんです。それには色つけちゃいけないと。だから政治なんかやる気はまったくなかった、ずっと。だけどあまりにひどいんですよ。いま、日本ってのは。僕から見ると、いまの日本に政治はないって感じるんです。自民党っていうのは金が欲しい人の集まり。野党ってのは、就職するところがないから政治家になってる人の集まりです。だから実は日本で政策とか政治というのはゼロです。国民は、政治家が何かやっているように思ってるけども、実は何もやってないと。簡単にいえば、国民が努力してるのに、それを足を引っ張ってるのが政治だと思う。だから、それを外野から批判していたんです。

しかし考えてみると、やっぱり特攻隊が偉いんです。つまり日本がどうして戦争したとか、それも大切だけど、死んでちゃんと国を守るというのが偉いじゃないですか。それで、自分がそう思ってるんだったら、やっぱり議員になって、どうなろうとやってみようと、こう思ったわけです。だからずいぶんたたかれましたよ、内部とかそういうところじゃね。武田先生はいままで中立を保つために先生をやっていたのが、何で立候補した!?とかいわれたけど、それはどこの世界にいてもそうだね。それで神谷さんに引っかかっちゃった。神谷さんというのは、政治家のなかでもうそが甚だしい人なんです。それが最初は全然わかんなくてね。

編：最初は誠実そうな感じでした。私も2年ぐらい前に内海先生のパーティーでお見かけした時に、そういう印象を受けましたけど。

武田：あなたみたいに人に会う職業の人でもそう思ったんだもの、僕なんかもうすっかりだまされて。

でも一生懸命やったわけです。だから僕としては、当選したほうがそれはもちろんよかったけど、もう選挙戦の途中から、これは全然変だとは思ってた。だって全国の遊説箇所がおかしい。いつも神谷さん、何か福岡だったら福岡の一番いいところ、僕は橋の下とかそんな感じなんですよ。僕を何でこんなとこでやらせんのって。もっとひどい話があるんですよ。

名古屋なんか僕も地盤だったでしょ。そして名古屋で街頭演説あるじゃないですか。そうしたら、党から伝えられた時間と場所が名古屋のそれと違う場所をいってくるんです。僕がそこへ行ったら誰もいないじゃないですか。そうしたら、（指定した）場所と時間が違うっていわれたり…そういう感じなんです。立ち上げのときに僕の最初の街頭演説は代々木の明治神宮前だったんです。行ったら誰もいないんです。誰もいなかったんですよ。最初の時。そういう状態だったから。もう全部がそうだから、途中で気がついて。あ、これはだしに使われたなと思ったけど、まあ演説の機会もそのときしかないのでね。やる気にはなっていたので、あきらめるのにやっぱり半年ぐらいかかりました。

この前都知事選に内海先生が出られたのにこんなことというのは何ですけど、地方選挙の立候補者というのは、現状では勤められない（勤め人ができない）人がなるんです。職業につけない人がなるんです、食い扶持がなくて。この前、あるベテランの国会議員の人に

「だいたい僕の経験じゃ、5割ぐらいの人が勤められないから議員に出るっていう感じですね」って聞いたら、「武田先生、8割ですよ」っていわれました。

だから僕は、本当に政治を考えてるとか、本当にある問題点を解決しようと思ってる人が、やっぱりそういう日本人が政治に参加しなきゃいけないと思う。もし政治に参加しないなら、この段階では、それはずるだと、日本人のずるだと、こういうふうに思っています。

◎日本が本当にやばくなってしょうがなく

編：内海先生、ではお願いします。

内海：僕は17年ぐらい前から、精神科問題を中心に啓蒙活動をやり出した口で。そのときは政治家なんか大嫌いなだけで、いまも嫌いっていえば嫌いですし。あと虚無主義だとかいってるぐらい、あまりいろんな政治思想であれ、価値観であれ、いい悪いを決めるというか、考える人ではなかったんです。啓蒙活動をしていたら、まず地方議員が僕のところに来ました。それで、彼らも興味があるんだなと少しずつ輪が広がり、直接には活動を10年続けて、ちょっと一区切りついたというときに、ネット番組みたいなのがあったんです。

そのネット番組のなかで、この先の10年は何をしたいか、いままで足りなかったことは何だみたいな、そういう話になって。そのとき、ちょっと政治の話になったんです。啓蒙して、みんなの意識が変わったり知識が広がっていくのも悪くはないんですけど、いつも政治という壁にぶつかりますから。だから政治的な、たとえば地方議員とか無所属の議員をいっぱいつくっていくとか、そんなことができれば、状況も違ってくるんじゃないかという話をして。そしたら、ぜひやりましょうみたいな話になりました。

それでできたのが、いまの市政の会の前の、あくまで一団体ですが、母連（日本母親連盟）です。そのいい出しっぺが、また詐欺師だったんですけど（笑）。

編：皆さん、1回はだまされているんですね（笑）。

内海：ヒ〇ヤマっていう、めっちゃ詐欺師だったんですけど。詐欺師ということがみんなにばれて、その人は追い出された形になりました。その後、地道に会の活動を続けて。紆余曲折はありましたけども、オリーブの木という新党と連携して参議院選挙もやって、あとは統一地方選もやって、今回の都知事選という流れです。本当はやりたくはなかったですよね。日本はやばいなって思うので、本当にしょうがなくやってるのは否めません。一応それが私の話かな。

◎身内に政治家がいた

編‥しょうがなくというのは3人とも共通されているかもしれないですね。

実際、いまお三方とも政治活動をされてますし、街頭演説や、実際に選挙活動などもされています。実際に内部に関わってみて、関わる前と比べてどう感じましたか。たとえば、意外と思ったより簡単に自分たちの手で変えられるかも、と感じたかもしれないですし、いや、思ったより政治って面倒くさいと感じたかもしれません。関わる前と比べて、現在実際関わってみてどう感じているかを、教えていただければ。

吉野‥僕は実は、政治の関わりは子どものときからあって、私の母方は政治家が結構いるんです。

編‥そうなのですか。はじめて知りました。

吉野‥それでご先祖や親せきにもいる。そもそも、うちの母方は清水次郎長の一族なんです。

内海‥吉野先生は医師の家系では？

吉野‥父方はずっと鍼灸漢方医なんですけど、母方のほうは土建屋でやくざなんです。いまの暴力団とはちょっと違いますけど。静岡県の人間で箱根水道造ったりしていた一族なんです。当然江戸時代から、立ち退きをするとか何とかそういう仕事をするわけです（苦笑）。それで、一番近しいところでいうと私の母親の兄（伯父）なんですけど、この人は日本社会党で代議士をやっていて、それで選挙の手伝いなんか子どものときからずいぶんやっていました。いまだったら逮捕ですよ、未成年にやらせて。この部屋の2～3倍ぐらいの部屋に運動員が40～50人いました。黒電話がおいてあって、こんな分厚い電話帳を見ながら片っ端から電話して、「投票してください」とかやっているのを手伝わされたりしました。

編：子どもなのに…。

吉野：やってますよ、子どものときから。ビラ配りやったり、街頭演説立って手伝えとか、街宣車乗って後ろで手振れとかいわれてやってましたから。そのときは、二度とこんなことするかだったし、ふざけんじゃねえよと思っていたわけです。ばかじゃねえのと思っていて、本当に。

私の伯父は東大出て、最初に三井に入ったんです。それで炭鉱の落盤事故の後処理をしろと命令されたようです。で、労働組合を全部片っ端から片付けろと。金で解決しろっていわれて。でも、それまで全然そんな倫理観とか道徳観とかまったくないわけです。ただ勉強ばっかりやってる人だったのが、目覚めちゃったわけです、平等だとか、弱者だとかって。それで、じいさん（伯父の父親）は、さんざん説得したらしいんです。世の中になっちゃいけないものが5つあると。1つ目が政治家だと。それから医者とか弁護士とか、それから会計士とか、こういう士業。こういう職業の人間は、自分が社長であれば全部使いこなすものだと。医者だって使いこなす、政治家だって使いこなせるんだと。政治家なんて、これは経済の奴隷なんだと。金でいくらでも動く人間なんだから絶対なっちゃだめだっていってました。それなのに伯父がそれになったのですごく残念がっていた。しかも入るのが自民党ならわかるけど、何、社会党に入ってんだといっていたらしいんです。

そういうのを見ているからすごく嫌だったけど、選挙になると、「すいませんけど、うちの伯父に投票してもらえませんか」とかって。友だちがそれでいなくなったりするわけですよ、それでもやっていたけど。

内海：政治が面倒くさいというかどろどろしているのは、最初から織り込み済みですね。

吉野：そうです。そのたびに親父とおふくろが夫婦げんかするんですよ。立候補するときは、また何百万円寄付しろなんていってきて、「おまえの兄さんなんか何も世の中のためになってないのに、なんでそんな莫大な金額を寄付しなきゃいけないんだ」とかやっていましたから。

編：かなり身近な。

◎根本的な問題は、政治家がうそつきだらけになったこと

吉野：超身近ですよ。もう実際やってたからね。こんなことやるもんかって思ってましたから。

だから、やむにやまれぬなんです。自分で実際に社会人になったら、想像していた以上にうそがひどいし。もう医科歯科の世界では今月点数が上がってないという話ばかり。どうするんだとかいう教授会があるんです。たまたま教授がアメリカに海外出張していて、ぺーぺーの1年目の僕が代わりに病院運営会議とかそういうのに出るわけです。点数上がってないから、とにかく患者をでっち上げて入院するほうに振り向けろとか、何曜日の何科は入居率が低いからそこに入れろとかそんな話ばかり。こいつら人間か、と思ったわけです。国立大学で今度新しい機械入れたから、どんどん点数そっちに回せだとか、病院中でやってるわけです。何これと思いました。国家試験受けて、ちゃんと真面目に勉強して出てきたら、就職先はもう詐欺師の集団じゃないかと思って。

編：国立は、もっときれいなものかと思ってましたが。

吉野：同じです、どこも。それで絶望もしたけども、何とかしなきゃいけない。

それで何が問題かってことですけど。私はそもそもうそつきがいけないと思っているんです、この世の中で。だってどんなに政策がよくても、どんなにその人の哲学が素晴らしくても、うそつきとは話ができないじゃないですか。結局医療界もそうなわけだ。患者さんのためだとか、病気を減らすためだとか、全部うそですよ。

編：内海先生も『医学不要論』のなかでそういうことを書かれていますけども。

吉野：その通り、全部うそです。学生にもうそついて、信じ込ませて。これが大問題です。もちろん、個別の問題で、それこそNTTを売っちゃいけないとか、ワクチンがだめとかはあるけども。

根本的な問題は、なんでみんなうそばかりつくのかということです。これですよ、最大の問題は。やっぱりうそつきは経営はできないでしょう。粉飾決算したら捕まるし。それに、私がいくら「私は社長なんだ。立派なんだ」と威張っても、みんながそう思わなかったら組織は動かないんだから。やっぱり経営をきっちりやるには倫理観とか道徳観とか、人望とか人徳とか人間力って必要だけども、政治家はなってしまえばうそつきでも続けることができますから。これが大問題。僕、これが日本の利益がなくなる元凶だと思っていますよ。

編：いい方を変えると、いまの日本政治は本当にうそだらけということですか。

吉野：うそつきとか、サイコパスとか、卑怯者がなる職業が犯罪者と政治家だと思っているんです。その率がすごいです。サイコパスみたいな人間って、普通の職業だったら1万人に1人もいないのに、政治家は8割ぐらいいそうだ。

これはやっぱり選挙制度を変えなきゃ解決しない。戦前は高額納税者じゃないと衆議院議員になれなかったので、結局、当時は経営者じゃないとなれなかったんです。すると、うそつきの率がとても下がるわけです。しかも自分の仕事をしているにもかかわらず、やらなきゃいけない。そういう経営者が政治家になっていたのが、いまはサイコパスが政治家になるというシステムです。

編：生活のためにやってるような感じですものね、政治家の皆さん。

吉野：もちろんそう。生活のためとか、あと愛人をつくりたいとか、先生っていわれたいとか。そういう意味では、ここにいる3人とも、もともと先生じゃないですか。先生と呼ばれたいから政治家になるなんて、いわれる前から先生だから、別に威張りたいとかない。

◎学問の世界もうそだらけ。東大が一番ひどい

編：武田先生は特に学者の世界で、学校でも外でも先生といわれて、発信する側で本もたくさん書かれてますし、そういう方が政治という世界に入ってみて、どう感じられましたか。

武田：会社では研究所長だったし、それから大学では、学長代理とかやってきましたし、それでテレビもずっと40年ぐらい出てきたし、その点じゃ僕は非常にキャリアは多彩なんですけど。いまの学会、学問の世界ですよ、うそだらけ。全部うそ。一番ひどいうそが東大。東大教授のうそが一番ひどいんです。なぜ東大教授のうそが一番ひどいかというと、社会的力もあるし、ものすごく頭も優秀なので、相手がどのくらいまで知っていて、俺はここらまでうそついても大丈夫だっていうのがよくわかってるんです。だからもう一般の人をだますのは簡単です。

だから東大はつぶしたほうがいいって僕がいっている理由は、東大がつくうそはすごいうそなんです。たとえばうそをついて研究費を3億もらうんです。大学にいるときは僕もずいぶん誘われました。僕もよく知ってる研究室で、もうばれちゃって構いませんけども、

こんな手口です。物のサイズにミクロンという単位がある。ミクロンのエリアなんていうのは、もう研究がほとんど終わってるから金が出ない。でもナノだったら出る。ナノというとミクロンの3桁下です。それでナノの研究をやるという立派な申請書を出した研究室があるんです。そこに僕の弟子がいた。あるとき会ったら、「先生、うちの研究室はナノ研究になっているけど、中は全部ミクロンですよ」と。そんな露骨なうそなんです。本当の犯罪レベルのうそ。学問的にいい逃れられるようなうそじゃないんです。そういううそはやっぱり東大が一番ひどい。

◎うそだらけの大手マスコミ

どこに問題があるかというと、日本のマスコミに問題があるんです。マスコミに問題あるのは、根本的には国民に問題があるんです。国民は「ＮＨＫのおかげで正しいことが報道されている」と思っているんです。ところがアメリカは特にそうですし、ヨーロッパもそうなんですけど、マスコミが発信する情報を観たり聞いたりしたとき、それが本当かどうかわからないという意識がいつもある。だからたとえばアメリカ人と話しても、フランス人と話しても、こういうふうに報道されてますよね、なんて僕がいうと、「それはまあ、あの新聞だからね」と、そう返されます。日本人は、報道機関を信用してしまうんです。とにかく報道機関というのはうそばかり。徹底的にうそ。一番ひどいのはテレビ朝日です。名前出しますけど。だってテレビ局は公共機関だから事実はいっていいはずでしょ。テレビ朝日、僕はずいぶん出ていたんだけど。とにかくテレビ朝日が一番ひどいのは、これでしゃべってくださいっていう詳細なやつが出てくること。

編：結論まで決まってるのですか？

武田：結論どころか、たとえば僕はエネルギーとかたばこの問題で一番もめたんだけど、エネルギーの話でいえば、エネルギー資源がなくなっていくっていうテーマをやるんです。僕が出ていたたけしの番組でね。たけしばかりではないですが。そうしたらディレクターがターッと書いてきたものを僕に渡して、この通りいってくれと。僕はここ違いますっていうんです。そうすると、違ってもこういってくれっていうんです。だから、他のタレントはただテレビ朝日がつくった原稿を棒読みするだけです。だけども、それで僕はいや、それはいえませんっていうでしょう。それで『TVタックル』やるでしょう。すると、出ている女の司会者や他の出演者はそのままうそをいうんです、どんどん。彼らはばかではないんだけど。テレビの人で正義を持った人なんていないんです。だから僕なんかそのなかでは長くもったほう。うそをつかないでも。武田先生使うとうそつかないから困ったな、とかになりながら。

放送でのうそが何で起こるかというと、彼らには職業に対する誠実味がないからです。医者だったら、患者さんを治そうとか思ってくれないといけないわけで、金のためにだけ治すという医者だと困るわけです。報道だって、事実を報道してお金をもらうのはいいけど、事実を報道しないでお金をもらうっていう、そういう構造になっている。これ、学者も全部そうです。名古屋大学時代、僕の研究室で30人もいたから、どんなに節約したって年間5,000万ぐらい研究費がいるんです。でも国からは僕のところにそんなお金は出ません。そうすると隣の分野の教授で親しいのが、その人は省庁の課長か何かを勤め終わって大学の先生になっていたんですが。「武田先生、いくら何でもひどいから、研究費の申請書にこう書いてくださいよ」と。「そうしたら僕が1億つけます」とかっていってくれたんだけども、そんなことをしたら学者っていうのは、一度うそをつき出すといくらでもつけますから。

内海：政府に媚びるような、うその研究費申請書ですか。

武田：そのときは、たとえば僕は地球なんか温暖化しないと思っているけど、彼がいうには「地球温暖化したら、こうっていう研究名目で申請を出したら、私が1億円つけますから、それは何に使ってもいいです」と。最後の報告書をちょっといじってくれればいいですと、こうでしょう。厚意があっていってくれているんでしょうけど、こんなことやっていたら、もう一生、学者を何のためにやっているかわからなくなると思って、そういう申請はしませんでした。結局、名古屋大学のときは企業からのお金で。

だけど、これ威張るわけでも何でもないですよ。僕は名前が通っていたんです。それから学問的実績もあったからです。名古屋大学って20人だけが特別教授になるんです。特別教授になると1，800万足されて、それで年俸が3，000万ぐらいになります。だけども特別教授になるには、アメリカとかヨーロッパの学会から年3回は旅費付きのインビテーションがなければだめなんです。

そういう点での実績があったから僕は外部から金をもらえたけど、僕が助教授だったら、研究費を確保するにはもううそつくしかないんです。だってうそをつかなければ金が回って来ない。金が回って来ないから実績が出ない。実績が出なければ論文が評価されないって、こうなるから。もう40代の助教授なんかだったら全員アウトですよ。うそつかざるを得ないんです。だからいまだって、プラスチックなんか細かくなるほど溶けないとか。いや、それは学問だから何いったっていいですよ。だけど、面と向かって5分も話したらうそがばれるようなことを、平気でいうわけです。いうようになった。

本来は、たとえば報道をやる人は、真実を伝えるという報道の魂があってお金をもらう。

学者なら学問で実績上げてお金をもらう。国立大学の教授なんか年１，５００万円もらえるんだから。別に生活困るわけじゃないんですよ。

ただ、いまは給料が高ければ高いほうがいいっていう錯覚があるんです。これが一番問題なんです。報道の連中なんか、やっぱり１，５００万ぐらいもらっているんだもん。これ以上いらないですよ。おいしいとこに食べに行ってるし、大体10時頃出勤してくればいいんだもの。だけどとにかく給料が高いほうがいいという錯覚があって、１，０００万の年俸よりか、１，２００万の年俸のほうがいいと思っているんです。だから、簡単に筋を外してしまう。この錯覚をとらないとね。

編：武田先生は専門家の劣化っていうのは、よくおっしゃっていますね。

武田：そう。著しく劣化してます。普通の状態じゃないです。いま、吉野先生がそういったけど、少なくとも学者とか報道は、やっぱりもう95％ぐらいはもうだめです。サイコパス。

吉野：キーワードになっていますね（笑）。

◎日本国民が依存症だらけになっている

編：内海先生はいかがですか。

内海：いまの話、問題はうそと金というテーマでしゃべってるのかなって思いながら、お2人の話を聞いてました。確かにそれもすごい問題だと思うし、働いてる社長とかが議員になったほうがいいっていうのもわかるんです。結局職業議員の利益のためだけの政治、思想ないやつしか議員にならないとなっている。それを、全部解体したければ、寄付金とか助成金とか、結局供託金も、政治が金かかる仕組みも、集める仕組みも全部やめて、個人としてだけで選挙に出る。

選挙に出るのにはお金がかかるんだけど、そのお金のために政治家になるんじゃないというモデルにする。もし理想的にそうなったら、うそとお金の問題は減るんじゃないかなとは思うんですけど。そういう意味で、同意

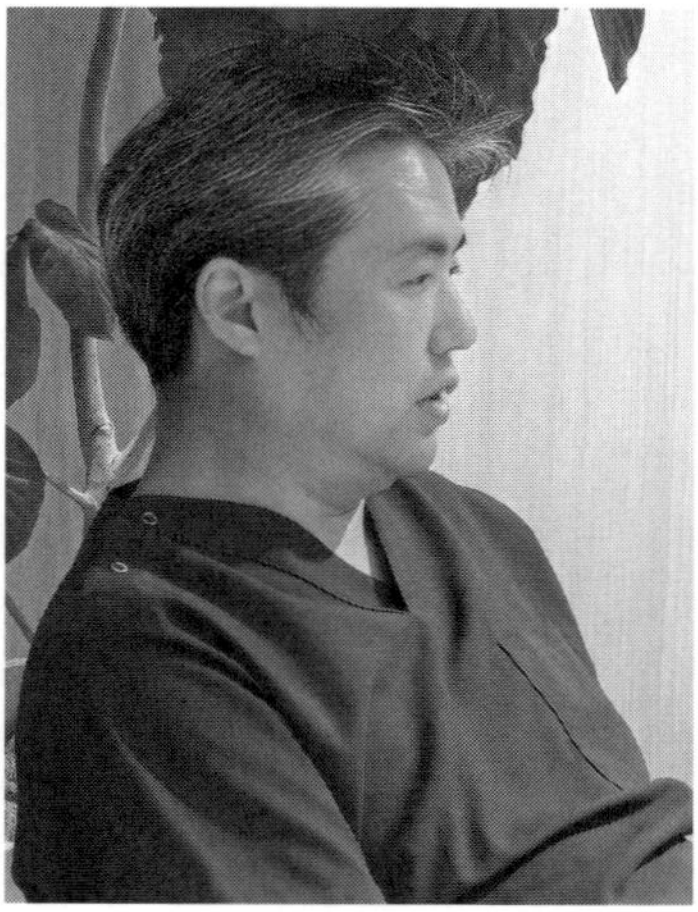

するところはします。

ただ、私は専門としては医原病とか薬害ばかり扱ってるし、あとは精神分野の精神学、心理学とか、思想学とか、精神療法を一番やっています。患者さんにそういう療法をやっている専門家の立場から思うのは、日本の政治のあり方とか、日本のいまの状態での一番の問題は、やっぱり日本国民のほうだと思っていて。その国民がみんな依存症だらけ、精神療法の感覚でいうと。それは誰がそうしたんだっていったら、アメリカとか財閥とかになるのかもしれません。でも状況は依存症だらけっていう、自主性がないというか、国民全体がそうなっています。

そうするとお金中心になったりとか、当然依存症といったら、うそなんか平気でつきますし。そうなっているのが、やっぱり問題かなって思います。

この本のテーマも、自分たちでもうちょっと動いていこうとか、能動的に出ていこうとか、自分が素人でも議員になろうみたいな、そんな本でもあるわけだから。だから依存は僕は問題だと思うし、逆に、自主的にどんどん能動的に行動していくことが少ないので、それを何かこの本で少しでも訴えられたら意味があるかなって、吉野先生や武田先生の話を聞きながら思ってました。

武田：いまの内海先生の話は非常に刺激的で、その通りで、もう対談なんかしなくてもこれで終わりでいい。

内海：企画をつぶさないでください（笑）。

◎日本人の一番の欠陥はずるさ

武田：僕は、せっかくそういう精神的な話だから、話したいんですけど。明治維新のときに最初の文部大臣、森有礼《もりありのり》という人がいた。その人はちょっと変な人で思想的にも変な人なんだけど、その人がずっといってたことを読むと、明治の初期にこういってます。日本人の一番の欠陥はずるさ。教育の点で、小学校のときにどういうことを教育するか。日本人のずるさをとれば日本はいいと。ずるさ。とにかく日本人のずるさだけとる、これを小学校教育の中心におきたいっていったんだけど、その当時の伊藤博文がそれは反対だと。ずるさをとるのは大変だから、むしろ国語とか算数とか教えてくれと。文盲をなくしたほうがいいからってことで押し切られて、ずるさに対する教育をしなかったんです。僕は、いま内海先生がいっていることについて、ちょっと内海先生と結論が違うんですけど、日本人のずるさは、結局日本人が考えられないわけじゃないんだけど、考えた結論が、多くはずるのほうにいっちゃう、と僕はそう思うんだ。だから日本人からずるをとる教育っていうのを、本当は森有礼がやってくれたらよかったなと思う。

内海：それは正直者教育みたいなものがない感じですか。

武田：彼がいっているのは日本人の国民性としてのずるさ。でも彼がある意味で変なのは、アメリカをちょっと支持してたわけ。何でかといったら、アメリカ人も金ばかりだからずるいんだけど、彼の説ではずる度は、日本人のほうがずるだと。これは言語から来てるからと。これ変ですよ。変だけどずるは言語から来てるから、全部英語に変えろというわけ。まずその英語に変えることによって、ずるをとるっていうのが彼の考え方だから、僕なんかそれはおかしいと思うけど。

吉野：どういう意味でいってんだろう。

武田：彼はそういってる。

内海：裏を読むとか、空気を読むとかそういう意味でいってるんですかね。

武田：やっぱり日本語が曖昧だからかもしれない。

内海：日本語の曖昧さは読む空気を醸成するから、いい面もいっぱいあると思うんですけど。

武田：僕なんかは、もう全然日本語のほうがいいと思うんだけど。だけど彼は英語に変えようって、それもすごく反発を受けたわけだけど。

吉野：それ明治の？

武田：明治の最初です。いまから小学校つくるってときです。明治15年ごろです。だから僕はいまの日本人は政治家がうそつきだとわかってるんじゃないかと思うんですよ。日本人ってのは頭いいから。

内海：気づかないふりをしてですか？

武田：ふりをして。それがあるんじゃないかと。つまりさっき話した東大の教授がうそをつき、テレビ朝日がうそつく理由は、国民がうそを認めてるからだと僕思ってるわけです。日本人はわかってる。誰でもわかってると思う、うそだってことが。うそでいい。だっていまだってそうじゃないですか（編注２０２４年9月13日現在）。自民党の総裁選。あれは何で行われたか。閣僚４人がやめたからでしょ。閣僚４人がやめて内閣がもつはずない。だから内閣が総辞職みたいにしてやめちゃった。そして出てきた人が８人とも、誰も裏金問題のこといってないんです。誰も４人の閣僚がやめた理由をいって、それをこうするなんていわない。それ日本人全員が知ってるんです。もちろんマスコミも知ってる。ＮＨＫも知ってるし、一般の人も知ってる。だけど全体でうそつくわけです。全体でなぜかずるの方向でうそつく。

これ全然この取材のテーマと違うけど、内海先生のいまの話に触発されちゃって（笑）。

それでいろんなこと思ったんです。このごろテレビで、「今日は35度で暑いから、皆さん水飲んでください」っていってんの。あれがうそに聞こえない。あんなうそいってるって僕がいうと、みんなが、いや、今日暑いじゃないですかって。でも誰も暑いところにいないんです。今日ここ35度じゃないんです。吉野さんもそう、僕もそうだけど、大体１日にすごす平均気温は、外がどうだろうと28度ぐらいです。27度とか。それで水飲んでどうするんですか。必要ないじゃないですか。水飲んでくださいっていうのは、35度の外にいる人なんです。ところが実際はそんな人は５％もいない。このごろ、歩くときだけは35度だけど、電車も何も全部クーラーじゃないですか。それで今日も僕テレビでいったんだ。アナウンサーが、今日も暑いですから皆さん水をこまめになんていってるから、あなた背広着て、そんなことよくいうねって。

つまり僕のいってるのは、もううそが、うそかどうかわかんない社会になっちゃってるということ。要するにまったくうそでしょ。今日は35度で暑いから皆さん水を飲んでくださいって、背広着たアナウンサーが涼しい顔をしていう。そのおかしさ。誰もそれおかしいと思わないんです。僕なんか、何この人いってんだと思って。

そういうんだったら、冬の零下の気温のとき。家のなかはあったかくて暖房の近くなら、まあ28度ぐらい。何で体壊さないんですか。あったかいところと寒いところとか交互に行き来したって、別に人間の体ってどうってことないでしょう。だから冬は何も呼びかけないのに。夏だけ危険だと呼びかけてる。あれは金なんだ。僕にいわせりゃ日本人のずるなんです。それが何とかしたいと思ってる部分。それは正直さでもあるんだけど。

僕の専門は原子力ですけど、30歳ぐらい上の僕の先生方、以前の東大の教授なんかはうそつかないんだ。僕らの世代からうそをつきはじめた。僕と同じ年あたりの東大の先生は、みんな原子力委員長とかなるんだ。もう軒並みうそつきです。いまの現役の50歳とか何かの教授は、さらにうそつき。急激に大学の先生がうそつきになってるのは確か。

編‥昔の先生は、きちんとデータと研究に基づいた発言しかしなかったわけですか。

武田‥そういうことではない。もちろん先端的な研究っていうのはデータだけで片付くわけじゃないから、どうしても勘だとか思いとかあるんですけど。だけど筋は通ってるちゅうか、学者になったんだからちゃんとした学問やりたいっていう思いはあったわけです。そのガチッとした岩みたいな心があるから研究者としてもっているわけです。いまはもう全然ない。

いま、内海先生の話聞いて、僕の話がどういうふうにつながってたかわかんないんだけど、なるほどと思ったんです。

編‥内海先生は依存症っていういい方をおっしゃいましたね。

武田：依存症っていうのが、このうそ空気。うそ空気が醸成されたわけです。竹中平蔵なんかも出てきて。アメリカがつくうそは戦いながらのうそだけど、日本のうそは合意のうそだから。それが変な形で出てきてるんじゃないかって。

吉野：さっきも武田先生がいっていた、例の幼学綱要の話になると、昔は読み書きなんかする前どころか、しゃべったりする前に道徳観とか倫理観をたたき込んでいったから。だからまだしゃべることができないのに、赤ちゃんにも、そうやって教えていたわけです。それが、国語、算数、理科、社会さえできれば、どうでもいいっていうふうになってしまったじゃないですか。そこが戦後はもっとひどくなってしまったから、修身とかなくなってしまったから、もう全然道徳観とか倫理観とかないですよね。

武田：だいたい、今度の自民党の問題だって、自民党に投票した人や、マスコミなんかが一番ひどいんだよ。自民党に投票した人が裏金を批判しているんだもん。あなたどういうことなのって。裏金が嫌だっていったって、そんなこともう前からわかってるんだから。わかっているんだったら自民党に投票できないじゃないですか。でも投票したんでしょ、あなたは。マスコミなんか特にそうじゃないですか。マスコミなんかすごいからね。何ちゅうか、裏切り方っちゅうのか。

内海：マッチポンプを見てるというか。

武田：マッチポンプです。まあいい、僕はもう話したいことは全部話しました。いま非常に刺激受けて、ちょっと今度内海先生のところに診察に行く。

内海：（笑）。

編：どういうことですか。

武田：どうも頭が変なんじゃないかって気がしてきたんですよ。それでこう暑いんだと。おかしいなと思って、おかしいと思ってる僕がおかしいのかなと思って。

一同：（笑）。

◎人間でいうなら、いまの日本は心肺停止状態

編：いまお話しされたような日本の現状でも、武田先生がおっしゃったように、「いや、この人たち信じてたけど、実はうそばかりなんじゃないか」というふうに気づいた人たちなんかが、少しずつ出てきている気がします。たとえば、内海先生の都知事選と吉野先生の大阪知事選の得票数を2人合わせると二十何万票ですよね。

武田：そうそう。内海先生の12万票もすごいよね。あの状況としては。

内海：うそが嫌になった人たちが投票して、もっともっと自分で変えるために何かやれる

ことあるんじゃないかと考えはじめた人が、確実にコロナ前より増えていると思います。

武田：そうです。それは確かです。

編：内海先生は2025年に日本はなくなるといっていますが、もしこのまま市民がそういう行動を起こさなかったら、3年後、5年後って日本はどうなってるイメージですか。

吉野：もう実は終わってると思ってます、僕は。

だってそうでしょう。コロナワクチンで45万人も超過死亡で殺されてて、日本人が日本人を殺しているんですよ。外国との戦争だったらまだわかります。でも自分たち同士で殺し合いをしているって、狂ってますよ、本当に。そういう意味じゃ、もう終わってしまってるわけです。人間でいうなら、もう心肺停止状態みたいになっているんです。それを何とか心臓を動かして、呼吸できるようにもっていくことが、今日のテーマの、一般市民が政治を変えるためにどうしたらいいのかって話になると思うんです。

本当は、僕はコロナがはじまった2020年、あそこで踏ん張っていたらよかったんだ

と思うんです。その前にも当然チャンスがあって、バブルを崩壊させられたっていうのもあったわけです。

内海：それは90年代からですね。

吉野：いっぱいあったんですよ、いままでにチャンスが。だけど、いま思い起こせば2020年、そこだったでしょうね、コロナ問題。だから僕も必死に、これはおかしいと。たとえばコロナウィルスの塩基配列の問題など、世界中の論文など探して公開したりとかってやっていたわけです。それをことごとく攻撃されました。最終的に30万人も登録数がいたチャンネルもバンされて、500本も消されて。それでも僕はあきらめないと思って立候補したわけです。

ここで我々がどうしたらいいかというと、3つしかないんです。1つは投票に行くこと。一番簡単な方法です。2番目は政党に入ること。3番目は立候補することです。

◎1．投票に行くこと　2．政党に入ること　3．立候補すること

編：政党に入ることですか？

吉野：そう、政党に入ることです。それで参政党というのができて、普通の市民が入って

きた。でもみんな、やっと入れる政党ができたんだって喜んでいたら、神谷宗幣氏がまたサギをしたわけです。それでみんな傷付いちゃったんです。

もう絶対にだまされない。本当のことをやるっていう政党があって、そこに武田先生もいるし吉野敏明もいるんだしって、赤尾さんもいるんだから、多分参政党は大丈夫だろうと思っているところでやらかしちゃったから。これは相当まずいことをやってくれたわけですよ。参政党を信じたみんなが傷付いて、ほんと泣いてましたからね。

編：私も信用しました。ついに市民のための政党が生まれたか、と思いました。

吉野：だから、絶対にうそをつく人を巻き込んじゃいけないんです。絶対うそつきはだめですから。でも簡単ですよ、うそつきかうそつきじゃないか判断するのは。過去にその人がいっていたことややっていたことが、少なくとも最低15年とか20年は同じかどうか。そこを見ます。

僕は自分のことというようでなんですけど、幼稚園入る前から、この世の中は狂っていると本当に思っていましたよ。

幼稚園のときの話です。通っていた幼稚園は横浜市の瀬谷区と旭区のところなんですけど、みんなそれぞれ地元があるわけです。で幼稚園のクラスが派閥に分かれていたんです。

内海：幼稚園のころから？

吉野：うん。僕はどこにも入らないでみんなと遊んだの。この瀬谷区から来た子たちとも鬼ごっこするし、こっちの子たちともジャングルジム行くし、この子たちとは縄跳びやるって遊んだりしていたときに、ある日すごまれたんです。
　おまえどこに所属してんのか白黒つけろ、みたいなこといわれたんです。なんでみんなと仲よくしないのっていい返したら、制裁受けたんです。

内海：制裁？

吉野：滑り台で滑って遊んでいて、送迎バスが来るまでみんなでそこで待ってるときに、滑り台降りりた。そのとき下に水がたまってた、たまたま雨の水かなんかで。そこに降りたときに、後ろから蹴っ飛ばされてびしょびしょに泥だらけになったんです。それで先生が「吉野君どうしたの」って聞くと、やったやつが、「吉野君が僕のこと突き落とそうとして、それで僕よけたらこんなになったんですよ」、僕が悪いんですっていって。それをそのまま先生がおふくろにいうんです。吉野君はいじめをしていて、それで転んで泥だらけになったって。僕が全然違うっていってもおふくろは信じないんです。こういう卑怯なことするやつらいるんだって心から思いました。
　でも僕はおかしいものはおかしいといい続けてきました。この年まで。何でみんなそういうことすんのってずっと思っています。だから僕は、最初に横浜市長選に出ようかっていったのもそうだけども、これからも、「おかしいでしょ」っていい続ける。いっても変わらないかもしれないけど、いわなかったらまったく変わらないって、ずっと思っているんです。だから政治家なんかとんでもないし、一番なりたくないものですよ。だけどいわなきゃわからないんだったらしょうがないじゃないですか。

　でも会社の社長なんていうのは、自分が会社つくれば簡単になれるけども、政治家は選んでもらわなきゃいけないでしょう。ものすごくハードルが高いわけです。だからさっきいったように、そういうのが難しいようなら投票に行きなさいと。もしくは政党に入って、そこで政治家の人たちに圧力をかけて、こんなのはおかしいんじゃないかっていうしかないでしょう。それもだめだったら、自分が立候補するしかない。それなのに、市民のやる気をぶっ壊してくれたのが神谷宗幣という人だったわけです。だから絶対にうそつかない連中でやらなきゃだめだと、僕はすごい猛烈に思っているんです。そういう意味では、うそをつかない人が立候補するのはいいことだと思います。市議会議員も、町議会議員も、村議会議員も。やって、挫折もするだろうけど、やると。

　それから投票率もそうです。投票率が低いのは、みんなが一生懸命投票してみたのに結局こんなふうになってしまったと失望しているから。一番真面目で、うそをつかなくて、誠実で、家族思いで、民度の高い人たちが投票に行かなくなったんです。ばかばかしいから。だからそのばかばかしいと思っている人たちが投票したくなるような政党をつくらなきゃだめなんです。帰ってきてくれるためには。

昔から投票数の5割ぐらいは組織票です。宗教団体だったり教育団体だとか、日教組みたいな。残り5割のうちの半分ぐらいの人が、この政党だったら大丈夫そうだなっていう政党がないと、日本は治らないと思います。だから本書では地方議員への立候補を勧めているけども、それは本当にそうだと思います。やってみるしかないと思います。市議会議員だったら、だいたいどこでもそうだけど20人ぐらい立候補するし、自治体によっては7，000票とか8，000票とかでも通るから。それくらいのハードルだったらうまくいく可能性も高いから、やってみればいいと思う。市議会とか区議会とか町議会に、そういう人たちが出たら変わると思います。

また、本気で変えようと思ったら地方議会からのボトムアップと、それからトップダウンが両方必要だから、うそをつかない政党をつくったら地方議員と国会議員を、両方つくらなきゃだめです。上と下から同時に変えていく。

首長クラスでいうんだったら、やっぱり都知事とか府知事とか。それこそ名古屋とか横浜の場合だったら、政令指定都市でというのは、名古屋市も横浜市も県より強いから、そういうところは市長のほうが強い。

編：名古屋市長のほうが県知事より強いのですか？

吉野：横浜市長も。神奈川県もそうだけど、市長のほうが知事より権限があるわけです。地方交付税がなくても何かやろうと思ったら、自主財源でできるから。そういうところの首長だとかはトップダウンで変える力がある。

だから僕が、横浜市長がいいっていったのはそこなんです。すごく発言権は強いと思う。神奈川県知事なんかより全然上です。

編：はじめて知りました。

吉野：たとえばそういう人たちと一緒にコツコツ立候補するってことをやってみて、選挙を通じて、政治家はこういう発想で動いてるんだなっていうことがわかるんだったらいいことだと思う。子どものころからそういうことには関わったほうがいいと思うし、僕はアルバイトとか金を稼ぐことなんかも、絶対に子どもにさせるべきだと思うんです。大学までアルバイトもしたことない人がいきなり立候補して当選したとしても、それはただ給料がもらえて、休み時間が多くて、待遇がよくてとかって、そういうたかる体質になるんです。自分で金だとか価値だとか見い出すという教育は、もう10代からやらなきゃだめです。

編：でないと給料もらって、サラリーマン気分で議員になってしまうということですか？

吉野：戦前は80％、85％ぐらいの人が農家だったわけです。この人たちは一生懸命働くも働かないも、結果を出さなきゃしょうがないんだけども、サラリーマンって見えないところで寝ていたりできるじゃないですか。見えないところで寝てたら、稲の穂はつくのかっていったらつかないでしょう。だからみんなが勤勉だったのが、サラリーマンになったことによって、それこそサボるだとか、たかるだとか、うそつくだとかっていうのを簡単にできるようになっちゃった。これは本当に由々しきことだと思っています。農業でうそつけないですし。

◎取り柄教育が日本をだめにする

編：武田先生。一般市民が政治を変えるためにできること。どうすれば日本の社会は変わっていくでしょうか？

武田：僕、中央教育審議会の専門委員やっていたんです。文部科学省の中央教育審議会。東大出た有名大学の学長が8人ぐらいいるわけです。そこで僕2つ主張したんです。ずっと主張してたの、大学受験全廃。それとよい子っていうのをつくる教育を絶対しちゃだめだと。だけど全然、もうずっといい続けていたけど通らなかったです。

よい子、取り柄。取り柄っていうのが、この日本をだめにしてるんだって頑張ったわけです。なぜかというと、僕は成績よかったでしょ。だいたいどこでも1番とか、そういうところにいるわけです。僕が1番だから2番の子がいるんだ。1番から20番がいるから21番の子がいて、その子がお母さんに怒られるんです。ちゅうことは、みんながいってる取り柄、つまり勉強ができるとか、ピアノが弾けるとか、足が速いとかいうのは人間としての価値ではない。人間を苦しめることなんだ。これがやっぱり教育の本質だと思う。だから長所なんて絶対いってはならんと。それから、ピアノなんてのは絶対コンクールしちゃだめだと。ピアノってのは、ピアノが美しいから聴くんであって、コンクールで1番になったやつがコンサートやるなんて冗談じゃないと。学問もそうだと。だから取り柄教育ってのを全部除いてしまわなきゃいけない。

僕は実際大学の教育をしてて、名古屋大学はいい大学だけど、偏差値が50ぐらいの大学で教えたこともあったわけです。あるときに、僕が、なかなかいいと思った学生に、何かやらせようとしたら、「先生、僕それできません」。「いや、君できるよ。大丈夫だからやったらいいよ」といっても、その学生は「いや、僕には取り柄はないんです」っていうんです。

それで取り柄って何って聞くと、勉強できるとか、そういうの。そういうのがない、自分はそれないんですよっていう。それで他の子に聞いたら、小学校からずっと、先生に聞かれますよって。取り柄がどうとか、長所がどうとか。長所って何かといったら、勉強ができる、足が速い、ピアノが弾ける、そういう類いなんです。何であんな教育してるんですかね。そんなの全然関係ないですよ。日本というのはだいたい1億人で、みんなで協力してやってるわけでしょう。それを何か取り柄があったり成績がよければ偉いと思っている。だから僕は愛知県知事にいったことがあるんです。愛知県知事が僕に文句いってきたから。

◎自分のことを偉いと勘違いしている政治家が多い

内海‥どんな文句をいってきたのですか。

武田‥僕が愛知県の講演会でマスクしないで講演しようとしたら、課長が3人来て「先生、マスクしてください」と。「いや、僕はマスクしたくない」っていったんです。そうしたら、知事がいまそれを僕らにいいに行けって来たんですよっていうわけです。知事のお願いなんだから聞いてくれっていうので、「知事ってのは私の下ですよと。僕らが知事を決めたんだ。税金も知事の給料も僕らが出してるんだから、使用人じゃないですか」と。「僕は社長で、知事が使用人ですよ。僕が、使用人としてあんたこういうふうにやってくださいといったことを知事がやるんであって、逆じゃないですか」と。同じことを神谷さんにいったの、幹部会で。「ここのなかで参議院議員やってるのあなただけだから、あなたがこのなかで一番地位が低いんですよ」といったら、何も答えなかった。地位が高いと思ってるの。だから僕は、いまの世間の構造自体が違うと思ってるんです。

たとえばトヨタ自動車の会長の年収が16億円ですよ。造っているものは自動車です。片や母子家庭、正しくいえば平均年収が235万円なんだ。母子家庭のお母さんがつくっているものは子どもなんです。次世代をつくる人と、車を造る人と、どっちが価値があるかといったら、次世代をつくるほうが価値があるに決まっている。それなのに次世代が235万で、それでトヨタが16億ってことはどういうことかっていうと、金が儲かることをやった人のほうが年棒が高いんです。そうじゃなくて、この世の中に価値のあることをやった人の年棒が高いっていうふうに、基準を変えなきゃだめです。これは17世紀にイギリスでできた資本主義の考え方が間違っているんだ。そんな価値基準に僕ら従う必要はないと思う。

やっぱり社会はその人がやったことがちゃんと評価されないと。お母さんが次世代つくらないと、人間社会って不幸になるじゃないですか。トヨタが車造んなくたって少し不便になるだけでさ、何でトヨタのほうが高いんですかと。

僕たちがご飯食べるときには日本国全体でご飯食べてるんです。日本人全体で。僕、家で飯食うときに、孫に、おまえは何も稼いでないからイワシ食えと、おじいちゃんは稼いでるからステーキ食うんだって、そんなこといいませんよ。テーブルを囲んだらみんな同じもの食うんだ。そうでしょう。5，000円の弁当なら5，000円の弁当、500円の弁当だったら500円の。それが当たり前なのに、社会が変なふうになっちゃってるんです。

つまり、基本的な社会の構造が間違ってきたわけです、僕にいわせれば。いや、それが正しいっていう人もいるんだけども。中央教育審議会の委員なんていうのは、「武田先生、そんなこといったって、そんなことしたら人間はサボりますよ」と。僕の経験では絶対サボらないです。

◎試験などないほうが人は学ぶ

僕は大学で学生に出す試験、A4の紙を配って、ここからここまでと書いた長さだけで点数を決めるんです。半分まで書いたら50点、それで下まで書いたら100点。みんな最初の年はわーっと笑ってたけど、もうすぐ有名になって。そしてすごいんですよ、学生ってのは。それは偏差値50くらいの大学。あるときに合格ラインまで書いていない。合格ラインは60、僕のは必修科目だから受からないとまた留年しなきゃいけない。小さな声で、「おい、おまえここじゃだめだぞ、ここまで書けと」。そうしたら学生は何いうかと思ったら、「すいません、僕書けません」っていう。いや、いいんだ。名古屋駅で彼女とデートしたことでいいんだ。どうせ俺読まないからって小さな声でいった。でもその学生は書かないで出してきました。必ずしもこれはその子が特殊じゃないんです。ほとんどの学生はそうです。僕は、落とすの面倒くさいから、出席しない学生や成績の悪い学生を呼び出していたんです、ずっと。えんま帳開いて、それで何点っていってくれと。75点でも85点でもよいと。「何か奨学金もらってんだったら、85って書きゃ、優なんてもらいやすいぞ」っていってた。大体半年に5人から7人ぐらい並ぶんです、教壇の横に。でも誰一人として点数くれっていった学生はいなかったんです。ついに出なかった。退職するまで。いくら説得しても。それでレポート出させてくださいなんていうんだ。僕は、いや、君なんかどうせサボりだから、レポート出させてくれっても出さないから、僕は事務所に何回もレポート出てますかなんて聞くの面倒くさいから、レポートなんかどうでもいいから、いま点数いえと。でも誰もいわないんです。誰一人として。

内海：その結果、落ちた人もいるのですか。

武田：みんな落ちます。だって0とか30点とかつくわけだから。

僕は思うんだけど、中央教育審議会で一生懸命いったんだけど、これ『ジャパンタイムズ』で記事になって結構好評だったんですけど、人間がサボるというのは、あなたたちが大人になってずるくなったからサボるんであって、偏差値50のポンコツ大学生でもそれやりません。やらないです。

僕は最初サラリーマンだったの。大学に行ってどういう基準で採点するのかわからなかったんです。

講義の採点、その人の差分をつけるのか絶対値をつけるのかっていう疑問があって、大学の図書館にこもって、点数のつけ方って一生懸命勉強したんだけど、どこにもそんなの書いてない。それで紆余曲折の結果、長さだけに変えたんです。黒板に5問書いて、どれ選んでもいいぞと。カンニングでも何でもしてもいいぞと。どうせ君たちのために講義してんだから、僕なんかあんたたちが卒業したあと、何の責任も負わないんだからいいよっていってやったら、実は普通の試験をする時より、長さでやったほうがまったく出来がいいんです。

要するに勉強は自分のためにするんだと、彼らははじめてわかったんではないかな。授業料払ってんだから、僕なんかもう給料はもらってるから適当に書いてくれって、こういうでしょう。そうすると、そこではじめてがんばる。

それで僕が中央教育審議会でもいったのは、人間は本来そういうもんだと。僕の経験では。皆さんが考えてるように、試験やらなきゃ勉強しないってことはないと。試験やらないほうが、よく物理を理解して卒業するわけですから。それを強制的にやらせるからよくないね。僕はいま、孫が小学校4年でいるんだけど、孫にいつも母親とかばあさんがうるさく勉強しろとかいってるから、僕は孫にいうんです。「ナオ君、勉強するかどうかは君の問題だから、何も別に遊んだっていいし、何してもいいよ」って。それで自分の責任だって、小学校4年でもわかりますよ。全部わかる。強制しないほうが勉強する。だから全体的に間違っているんです。結果として。あれ僕、変な方向に行っちゃった。

内海：市民に向けての話になってないもんね（笑）。

◎失われた日本人の倫理観

武田：そこがあって、変な社会があって。やっぱり僕の見解では、江戸時代までの教育であればよかった。実は江戸時代まで、日本だけがあまり教育しなかったんです。7歳まで教育しない。お姉さんが妹を見るんです。だから男の子の場合、周囲の子がその子を育てるんです。なぜかというと、子どもは神の子として生まれるんだけど、人間の大人に接してずるくなるから、だから7歳まで大人が教育しちゃいけないっていうんです。大人のほうが汚れてるっていう意識なんです。子どもは神の子なんです。だから兄弟とか近所の子に弟と妹を教育させる。

僕はよく、明治の初期に日本にきたイザベラ・バードの話をするんだ。彼女が泊まった旅館の女中が、外人が付け届けでチップを出しても、「私は正当な賃金をもらってますからいただきません」と受け取らなかったの。そういう日本人の倫理観にもう欧米人の彼女はびっくりしてるわけです。だからそういう基本的な社会的構造とか雰囲気があれば、日本人がみんな充実した人生を送ることができる。そこに全然違う文明が入ってきてぐちゃぐちゃになったところで、政治だけよくするっていうのはどうですかっていう気になってきた。

編：それでは、内海先生、まとめをお願いします。

◎理想としては全員無所属議員がいい

内海：いま、武田先生がいわれていたのは、思想の転換の大事さみたいな話と、取り柄教育みたいな話は、価値観を固定するのはよくないな、そういう話と思って聞いてたところはありまして。それが政治の話からはそれちゃってるようにも思うかもしれませんけれども。ただ広い目で見れば、それが日本がおかしくなっている要因ともいえるわけだから。そうやって考えたら、話的にまったく無関係ではないといえるかもしれません。

吉野先生が話した、「選挙に行って」「あと政党を応援し」「立候補する」というのは、私も基本的には賛成です。それでやって別に何の問題もないと、むしろやってくれと、それは私も常識的にはそう思うんですけど。価値観を固定しないという話でいけば、理想論っぽい話になるかもしれませんけど、私は、吉野先生と考えが違うところもあるんです。私は政党はいらないと思っているので。全部無所属議員のほうがいいという。すべての国会議員も、市議会議員も、町議会議員も無所属で、政党ってものの存在をなくすほうが要するに縛られない。党の規則なんかにも縛られない、自分のやりたいこと、それに基づいて選挙も勝負できるだろうし、やりたいこと自体も縛られずにできる。いろんなことに縛られないと思うから、そうなればいいなって、これは願望ですけど。何かしら集団の縛りが出てくると、どうしてもそっちが上になってしまうじゃないですか。結局どの国でもそうだし、日本でもそうだけども、議員はもう、組織のしもべのようにならざるを得ない構図をつくってきたので、だからそれがやめられたらいいのにと思います。だから志っていうか、その考えが、この部分は同じという人はこの場面だけは協力し合って、でも違うところは全然違うから、別のテーマにおいては真逆の思想を持ってる人は別のときに別のタイミングで協力し合えばいい。そんなふうになっているほうが、政党単位で物事を進めていくよりは、私はいいって思うんです。理想論かもしれませんけど。私が無所属というい い方をするのは、全国に1，700自治体があるなかで、その1，700の自治体に1人ずつ志ある無所属の議員がいる、そういうのがいいなと思っています。

◎地方議員は市民の窓口になれる

市政の会にはそんな大した縛りもありませんし、何らかの政治団体ではあるから、縛ってるっていえば縛っているのかもしれませんけど。ただ無所属の議員と連携するようなこともよくやってます。そうやって1，700の自治体に1人ずつ無所属的な議員をつくるっていうのも、最初の目標だったわけなんです。まだ達成できていませんけど。なぜそう考えたか。僕はいままでずっと人生少数派で生きているところもひとつの理由です。少数派を守るっていうことは、1人の議員が一自治体にいるだけでも結構守れる。多数決で物事は決定できませんけど、みたいな発想です。だから議員に求めている役割が、一般の人と僕は違うかもしれません。１人だけで物事を決められるわけでもなく、多数決では勝てないですから。だけど最低限の権利は守れるみたいな。そこを議員との協力によって、というイメージで僕は考えていたのです。

編：市議会議員は、困っている市民の貴重な窓口になれるケースが多いようです。そういう役割のイメージですか？

内海：そうです。僕はそういうイメージで進めたところがあったから、市議のような通りやすいとこからどんどん当選していけばいいんじゃないのといっています。

●内海先生に悪口いわれたってどうでもいい

編：武田先生はそれまで内海先生とほとんど面識がなかったと思うのですが。吉野先生もおそらくよそで、都知事選出ないかという話はあったと思うんですけども、それにもかかわらず、都知事選の応援演説で協力したというのはどういう経緯ですか？

武田：たまたま内海さんが立派だからですよ。たまたま立派な人だなと思ったから。で、応援しようと思った。他には理由はありません。

内海：会う機会があったんですよね。

武田‥僕に何か悪口いってるっていうんだったかな。何かできっかけがあって。別に悪口なんかどうだっていいわけで。今日はますます立派だってことわかりました、改めて。

内海‥直接会うきっかけをつくってくれたのは、中村（ひとし）議員っていう人です。

武田‥中村さんですか。

内海‥そうですよ。直接は。一番最初に1回武田先生に会ってくれといわれて。いや、いいけど、僕面識がないから、やりようがないじゃんっていったら、彼がつなぐっていってくれて。そこに（元参政党の）大隈さんが入ってきて、それでセッティングをしてくれたのが最初です。それで、食事をする機会を。

武田‥そう、うなぎいただきました。

内海‥そこで私が都知事選に出るっていうのをお伝えして、頑張ってくださいっていう話になったんです。それで、じゃ先生、もしやる気があれば応援弁士してくれますかって聞いたら、じゃ考えておくみたいな話だった気がします。そこからですね。

武田‥いまの議員さんに比べれば、はるかに内海先生のほうがずっと上だから、それは応援すべきですよ。

◎約束したから、都知事選は内海先生の応援

編‥吉野先生は、おそらく都知事選の話とかあったかと。

吉野‥その話はあったんですけど、それよりももっと前に、内海先生の誕生会のときに、「僕、来年都知事選出ようと思ってるんだよ」っていうふうにいわれたから、じゃ応援しますっていったんです。いったら約束守んなきゃだめだから。

内海‥さっきの話とすべてつながっていますね。

吉野‥そこで、実は事情が変わって僕も出ることになったんで、約束なかったことにしていいですかってやったら終わりなんです。どんなことがあっても約束は守る。だから守るって決めていたから、僕は全力で応援してやり切ったつもりはあります。

もちろん内海先生を応援しているんですよ。応援しているんだけど、それはそれとして僕の信念で約束は守るって決めているからです。だからどんなに、たとえば自民党から丸抱えで、絶対東京都知事になるようにしますよっていわれても、絶対出ませんでした。

だって、それやったら、いままでの僕の56年の人生が全部うそになっちゃうからです。だから絶対うそはつきたくないです。

◎正直、都知事選の12万票は物足りない

編：今回内海先生は、選挙ポスターで小池氏の隣に写っていても、そこに人が立ってるような感じで顔が写らないようにされたりとか、徹底してメディアに無視をされていました。それにもかかわらず12万票とれたという、この12万票の評価はどうですか。

武田：それは間違ってますよ。もっと多いのが普通で。だけど小池さんは徹底的に逃げる戦略やったし。だから、仕方ないんじゃないですか。だからよくとったほうだけど、本当はおかしいね。

編：本当はおかしい？

武田：本当は150とか200とかいって競わなきゃいけないと、そりゃ思いますよ。

内海：吉野先生いかがですか。

吉野：大阪の人口が350万ぐらいですよね。東京の4分の1ぐらいか。僕は11万票だったんです。だからそれ考えると、内海先生は40万ぐらいいってないといけない計算なんで

すよね。そもそもこの12万票っていうのは、ほんとに12万票かっていう問題もあるし。わからないですね、それは。ただ、できればやっぱり、田母神さんが前回60ぐらいでしたっけ。だから60ぐらいはいきたかったですね。本当は小池、蓮舫、石丸、内海っていうのになればよかったのにね。僕もそれを目標にやってたんですけども。

僕のときもそうでしたけど、維新とそれから経団連とかが血判書をつくって、吉野にだけは絶対に投票するなっていっていたんですよ。あんなやつにやられたら万博とかIR中止になっちゃうよって。彼らは、とにかく吉野だけはつぶさなきゃいけないっていうのは、ものすごいやっていたんです。

金なんです。結局金なんですよ。

要するに人の命だとか、健康だとか、災害とかって関係なくて、金なんです。どこの誰もがはんこで押したようなセリフをいうんです。経済同友会でも1回討論したんですよ。テレビは放送しなかったけども。維新の連中がいうことはずっと同じ。経済が起爆剤だ、からはじまって。テープを巻き戻して、エンドレステープでいってるように、誰がいってもそういうんです。どこで練習してるんだろうと思ったぐらい。「一部に万博も危険だという声もある」というと、そんなものはない、ちゃんと専門者委員会を開いて安全は確認できてるんだってね。これはどこかのコロナ騒動と同じじゃないですか。それで私を個人攻撃して、当選させないようにってすごかった。それは内海先生も同じだと思います。こんな人がいたらNTTや上下水道が（外資に）売れなくなっちゃうとか、一番つぶさなきゃいけない人間でしょう。

田母神さんもあとから、NTT売却問題や東京の水道の問題とか、ワクチンの問題についてもいっていたけども、メインはそこじゃなかったから。そういう意味では、内海先生が一番この国を売国奴に渡さないっていう話をしていたんです。その割には伸びなかったですね。いま思えば選挙戦略とかもあるかもしれない。

◎最後の最後は大同団結

僕は、この次も一応全国比例で出たいと思っていますけども、たとえば山本太郎氏とか立花孝志氏が200万票ぐらいとったでしょう。あれもしかしたら400万票ぐらいあるのが、200万票にされているのかもしれないわけです。だからそんな妨害を受ける覚悟でやんなきゃいけない。

そういう意味じゃ最後ここになるんですけど、当たり前だけど、最後の最後は志が同じ人たちが大同団結を絶対しなきゃだめなんです。ただそこに行くまでのストーリーが、僕はすごく大事だと思っている。映画とかと同じです。こういうのがあって、それでこうなって、感極まってみんなで一緒にやるっていうふうにするならいいけど、中途半端にやると、彼ら完全につぶしに来ます。

やっぱりけんかの仕方っていうのがあるわけです。はっきりいいますけども戦争ですから。だからつぶされない戦略を僕はつくらなきゃいけないと思う。

編：すごい実感がこもっています。

吉野：僕が府知事選のときに思っていたのは、これは負け戦なんてことわかっているわけです。あのタイミングで吉村に勝てるわけないんだから。じゃどうするかっていったら、今回府知事選で戦ったっていうことで、絶対うそをつかない人間だということと、それからちゃんと主張には根拠があるのをわかってもらうこと。そして最後の3日間ぐらいになったら、松井一郎だとか橋下徹だとかのやってる悪事も全部暴いていいと思ったんです。最初からそれをいうと本当に攻撃されちゃうから、最後の最後は本当のこと全部いって、刺されてもいいつもりでやる。

次に何か立候補するときに、これだけのことをちゃんとやった人なんだから、うそをつくわけないっていう世論をつくりたいと思ってやったんです。だから負けて当然です。あとからこういう万博の問題だとか、兵庫県知事の問題があったときに掘り返されるわけですよ。吉野は昔からいってること絶対変わんなかったし、結局合ってたじゃないかと。参政党の事件もそうです。参政党の事件があったとしても、絶対いってることが変わってないっていうことがわかるようにして、それが本当の勝負のときに生きるように、どうやって持ってくかっていう、壮大なそういう物語をつくらなきゃいけないと思っています。

◎昔の価値観を捨てた人をどんどん応援

編：おそらく皆さん、２０２５年度の参院選をにらんでいると思うんですけども、現段階でそれぞれ、それに向けてどういうことを考えてらっしゃるのですか。

武田先生は、立候補という可能性はあるのですか。

武田：ない。

編：では応援というスタンスですか。

武田：はい。

実はもう時代が非常に大きく変わろうとしてると思うんです。だから都知事選なんかも本当はばからしくて、何議論してんだと感じたんです、僕はね。だってこの前もそうだったけど、ニューヨークのオフィスビルがもう30分の1で売られると、そういう時代に差し掛かっていて、それはいってみれば予想どおりのことが起こってるわけですから。それに対して東京がどういうふうにいくべきかってことを議論しなきゃいけないわけです。だからそういう視点で、政治も全部動いていかなきゃいけないいんじゃないかと僕は思ってるんです。

たとえば給料が減って満足度が減ると。ここ20年ぐらい調べてみたら、給料が減って満足度が減るっていうのは50歳以上だけなんだ。20歳、30歳は給料が減ったほうが満足度が上がる。この仕組みを僕はいろいろ自分なりに考えた、なぜそうなのかと。逆にいえば、何で給料が上がると満足度が上がるんだと。つまり50代以上の世代が昔ながらの価値観で動いてるものだから、若い世代の意識とずいぶん違うとこへ行くんだ。だから大いに、参議院選挙もがんがんやんなきゃだめだと思うんです。だからもうあらゆるところに応援に行って、いい人だと思ったら、がんがん応援したいと僕は思ってます。

内海：武田先生も一貫してるわけですね。

武田：はい。もちろん、吉野さんがいうように、ある程度団体化してたほうが力があるから、それはそれでいいけど、一方、時代が変わってるよということは大切なことじゃないかと思うんです。そういうことに対する指針っていったら何だけど、それはやっぱり僕ら学者なんかが示さなきゃいけないと思ってます。それが対応です。

◎絶対に日本を変えてやる覚悟で新党をつくる

編：吉野先生、新党を結成されましたね。あれはもちろんここから国政を目指す。そしてそこから地方議員も出していくというような組織を目指すのだと思いますが、どういうプランを考えてらっしゃるんですか。ちなみに政党名はもう決まっているのですか。

吉野：吉野新党とか。

編：吉野新党。

吉野：政党名は、個人名は公職選挙法で入れられないんです。

編：そうなのですね。

吉野：だから吉野新党（２０２４年9月24日「日本誠真会」を発足）、仮でいいんですけど。当たり前ですけど、自民党に対抗できる組織にするつもりじゃなきゃだめです。だってオリンピックで6位を目指すってないんです。優勝しようと思ってるから銀メダルになったり、銅メダルになることもあるけども。それが最初から、キャスティングボードに入れるぐらいのそこそこの政党になっていれば、なんてやってたら絶対そうはならないです。僕は本当にこの国を元に戻したいと思ってるわけです。ずっと、日本人が日本人のために動かす国だったはずだし。いままでの長い歴史を見ても、何回も危機はあったけども、うまく乗り越えてるでしょ。でも、だから前もうまくいったから、多分今度もうまくいくってそういうことじゃなくて、何回も何回も危なかったけど頑張ったんだから、今度は僕たちが頑張って同じようにやるしかないと思う。そういうふうに国民になってもらうためには、自分がまずそれをやっていなかったらだめじゃないですか。自分の行動だとか発言だとか態度だとかっていうのが、相手の態度もつくると思っているから。ただそのプロセスのなかでですよ。たとえばあるグループがある政党をつくって、合流しましょうっていわれたときに、そっちのほうがもっとよくなるんだったら合流すると。

たとえば現職の国会議員が30人ぐらい集まって、衆議院議員が。で、一緒にやりましょうよといわれると。彼らがもし、少なくとも神谷さんよりは絶対うそつかない連中で、ちゃんとこの国の将来のことを考えてるっていうんだったら、国会議員は政治のプロだから本当に力になるんだったら別に合流してもいいと思うけども。ただそれだけで変わるかな。

この国を本当に日本人がちゃんと運営できるかといったら、いまなんて国会議員は多くが帰化議員でしょ。そんなことといったら小沢一郎もそうだし、みんなそうじゃないですか。小泉もそうだけど。だから本当にちゃんと数世代さかのぼっても日本人という人が運営できる形にするっていうのは、すごいハードルの高いことです。だから僕が死ぬまでかかってもできないぐらいだと思うけども、そういうことをするためには、通過地点である政党ぐらいつくっていなかったらだめじゃないですか。それこそ最初から岡山大学行きたいと思っている人が、間違えて東大に入ることはないんです。だからこの国を本当に元に戻して、日本人が日本人のために、何か泥棒に盗まれているような状況を元に戻すっていったら、政党ぐらいできてなきゃだめに決まってるじゃないですか。

それでつくって一旗揚げて「俺は党首だ。万歳」とかって、そんなことはどうでもいいんです。私より優秀な人がいるんだったら、もうどうぞ代わりにやってくださいと。僕もいくらでも応援しますよって。だけど誰もやろうとしないから僕がやる。

編：明確な目的に向かってる感じですか。

吉野：本来は自民党の党の綱領があって、11の柱があるわけです。そのなかで自主憲法の制定だとか、奪われてしまった教育を取り戻すって。アメリカとは書いてないけども、ずばり全部書いてあるわけです。すごくいい綱領だと思います。あれをやるのが本来日本の政党だと思っています。自民党もそういうつもりでつくったんだろうけど、結局そうならなかった。だからいまそういう政党をつくろうと思っています。でも別に自分が党首でいいとも思っていないですけども、誰もいわないからいい出しっぺでやろうと思っているだけです。

◎気持ちとしては大同団結はある

編：ありがとうございます。では内海先生は。

内海：僕、この前食事したときに吉野先生にいったんですけど。僕の戦略は吉野いけにえ作戦という戦略になってます（笑）。僕も出ることは公開はしていますが。「吉野先生、先に行ってきてください」と行ってきてもらうのが作戦です（笑）。そのあとに、占いの話もしたんですけど、占い自体はネタですけど、一応私、49だから、一番、運気でいうと下だから、これから上がってくるんです。それも全部考慮すると、私が選挙に通って何かやることになるのは、多分53ぐらいじゃないか、次の選挙じゃないかなって思っていて。そうすると結果的に吉野先生に、「行ってきてください、よろしく」みたいな（笑）。

編：ここだけの話、水面下では協力し合おうみたいな話し合いはあるのでしょうか？

内海：協力していきたいってのはあるけど、でもちゃんとした形とかはまだ何もありません。

気持ちとしてはもちろん、1人じゃ比例なんて戦えないじゃないですか。比例選挙を戦うためには最低10人必要だし、吉野先生は47人ぐらいは立候補者を出したいと。そうすると比例候補の知名度も上がるし、地方の議員の知名度も上がるし、インターネットで知ってくれる以外の人もいますから。そうすると当然2％以上はとれるだろうし。比例では旧参政党の人々もいっぱい協力してくれるだろうから、そうなると（当選者は）2人とか3人とか、それ以上っていうふうになるかもしれません。吉野先生はそれぐらいのことを考えていると思います。さらに、もともといる国会議員とかで付き合える人もいると思うんで。そうなったら、キャスティングボードのポジションになる発想ではないですか。

◎武田先生をどうしても国会議員にしたい

吉野：僕は、本当は武田先生にはどうやっても、とにかく国会議員になってもらいたいんです。本当にそう思ってる。だって参政党で2位だったんです。本当は、神谷さんが途中で衆議院に行くから、代わりに行ってくれって話だったでしょう。それを信じたから、そのために自分が国会議員になるよりも神谷さんをまず当選させて、武田先生がその次に行くつもりなんだと、僕はそういう演説もしていました。それは、この国をよくするためのスケジュールだから、僕は自分が国会議員になりたいからやってるわけじゃないっていうのも、逆にものすごく力説してたんです。名前書くときに、吉野敏明って漢字で書くわけでしょう。書きにくい名前でしょう。それだったら参政党でいいからって。僕は本気でそう思っていた。いまでも個人よりチームだと思ってます。だから選挙というのは、さっきのオリンピックの話よりも、たとえ話でいったら、野球で、日本シリーズで優勝するような感じなんです。党でやるから、個人の戦いじゃないから。100メートル走は、これはもう完全に自分のスキルだけでいい。自分が速く走ればいいんだけども、野球はそうじゃないでしょう。チームプレーでやらなきゃいけないし。だから来年たとえば「吉野さんね、自分が今度新しい球団つくったわけですけども、日本一目指してるんですよね」と聞かれたら、「もう当然そうですよ。日本シリーズで優勝するためにやってますよ」と答えます。でもどういう試合するんですかって聞かれたら、そんなのわからないよでしょう。だからプランは答えられないですよ。だって何が起こるかわからないんだから。でも優勝するっていう方向に確実に向かってなきゃいけないでしょう。だから、もしかしたら明日の試合は振り逃げするかもしれないし、隠し球もするかもしれない。それルールの範囲内だから。だけどもうそをつくことは絶対しない。そういう哲学でやる。
もちろん、助っ人外国人も来たりとか、昔楽天つくったときみたいに、球団を合併吸収するみたいなことだってあったでしょう。そういうこともあるかもしれない。あるかもしれないんだけど、目的はちゃんと日本シリーズで優勝するのと同じで、国会に議員を送り込むこと。そこだって単なる通過地点です。どれだけきちんと通過するかです。最終的には、ちゃんと日本人が日本人のためにという政党政治ができるようになったら、そこまでやったら、僕はもう自分の仕事は終わりだと思ってるから、元の仕事に戻ればいいと思ってる。それまでは絶対二刀流でやらなきゃいけないと思っています。
だから僕はいつもいっているけど、病気にすらならないって。病気にもならないし、寝不足にもならないし、生配信もするって約束したら雪が降ろうが槍が降ろうが、何が何でもやるわけです。体調不良だからちょっと今日休みますっていう、それ絶対しないですから。

編：武田先生、前回の参議院選挙のときはもう少しで当選してましたね。

内海：だってもう、2人ぎりぎりの手前ぐらいだから、当選する。

吉野：できれば本当は総理大臣になってもらいたいと思ってます。

編：武田先生が総理大臣になったら、日本はすごく変わることになるかもしれないですね。

武田：そんなすぐにはできませんね。文化を変えていかなきゃなんない。

◎日本の本気で元に戻すための30年計画

吉野：よく、どのぐらいで変わるんですかって聞かれるけど、僕は30年計画ぐらいです。本当にそのぐらいかかると思います。ただ30年といったら、僕そのとき87歳だからどうなっているんだかわからないけど、だからこの戦いに勝つっていうつもりでやらないと。戦いといったって、別に殺し合いじゃないんだから。元に戻そうと思っているだけで。内海先生も選挙でいっていたけど、戦略はと聞かれたら、もう全部元に戻すこと。消費税も元に戻すと。それからプラザ合意でいわれたことも全部なしにする。日米安全保障条約もなし、日米地位協定もなし、日本国憲法もなし。大日本帝国憲法の時代の元に戻す。何もかも元に戻せばいいの、全部。改革、改革って、また小泉進次郎がいってるけど、徹底的な改革するって、あんたたちが改革してくれたからこんなことになったんでしょって。だからやらなければよかったの、何もかも。元に戻す。日本人が日本人のために国を運営していた時代に戻せばいいだけの話です。もちろん時代にそぐわないことは変えますけど。

編：むだでしかなかった改革をすべてやめると。

吉野：そう。だってうまくいってたんだもん、それで。

編：考えてみるとバブルがはじけた１９９０年が35年前なので、30年はあっという間かもしれませんね。でもこの35年で日本は変わってしまった。

吉野：だからバブルのときでよかったんです。あれで。あのころってみんな生きてるだけで、もう丸儲けみたいな感じでしたよ。こんなになって踊って。そういうの何がいいのっていったら、「いい」って。何かすごくいい感じになってみんなやっていたんです。そういう国にすればいいんじゃないですか。

編：35年かけてこれだけだめになったってことで、やっぱり元に戻すのにも35年ぐらいかかりますか？

吉野：僕はそう思ってます。

編：そして少なくとも、団結して国政選挙を戦う可能性はあるということですね。

吉野：そうです。

編：ただ、まだどんな形になるのかとかっていうのはわからない？

吉野：たとえば参政党のときの経験ですけど、安倍元総理が暗殺されるという事態が起きるとは想像できなかったです。本当に何が起こるかわからないです。だからどんなことが起きてもぶれないっていうのがあればいい。

編：細かい戦術は、そのときの状況に合わせて決めていくのでしょうか？
吉野：それはそう。それを試合中で送りバントしようかとか、盗塁しようかとか、代打出そうかとか、状況次第で変わりますよ。だから野球でいったら日本シリーズで優勝するっていうのと同じで、ちゃんと国会議員を送り込むっていう目標が、絶対ぶれなければいいんです。どんな誘惑が来ても絶対に変わらないと。
編：我々市民は、本当に期待してしまいますね。

◎資金力のない我々ができることは筋を通しきること

武田：安倍さんが殺されたときに、参政党から電話がかかってきて、明日の午前中の選挙運動は自粛しようっていってきたの。
内海：参政党が？
武田：うん。他の党も全部自粛すると。維新も自粛したんだっていう。僕が、何いってんですかと。あれこそ民主主義に対する攻撃じゃないですかと。攻撃があったから自粛するって一体何ですかと。で、ちゃんと午前中も選挙運動をやったんです。
編：素晴らしいです。

武田：だけど、いま吉野先生がいってるように筋が通ってないとだめですよ。でもそんな敵っちゅうか、民主主義の敵みたいなのが総理大臣を撃ったから半日僕らも自粛しようって、いったい何いってんですかって逆に筋が通っていない話なんです。

テロこそ一番の敵だから。テロなんか、何かあったんですかっていうふうな顔しなきゃいけないわけでしょ。

吉野：うそつかないってことは、結局筋通すってことだから。うその反対が筋通すことですよね。

逆にいうとそれしかないんですよ、もう、カードが。だってやつらは金をばら撒くだとか、金券ばら撒くだとかやりますから。大阪府知事選もそうだけど、選挙がはじまった日にお米券配ったんです。それは半年前に副知事が決めたことだからという理由で。副知事って維新じゃねえかって。中盤になったら医療関係者だけにクオカード3，000円、全部配るんですよ。

編：それは引っかからないのですか、法律に。

吉野：だから、ちゃんとそのときにやるって決まってることだからと。半年前にいってるんです。それで選挙中に「われわれ維新の実績ですよ」っていうんだから、もう買収ですよね。我々にはそんなことする金もないんだから、そうしたらもう筋が通ってることやり続けるしかないでしょう。心に火をたきつけるっていうことをするしかないと思う。何もないんだもん、もともと。配る金もないし、我々と一緒にいたって別に儲かるわけではないですから。

編‥そういうような人たちに響くような、今回の本になればいいなと思っています。

武田‥頑張ってください。

内海‥吉野先生、武田先生、本日は遅い時間までお付き合いいただき、本当にありがとうございました。

吉野敏明氏　１９６７年生まれ。日本誠真会党首。歯科医師。医療問題アナリスト。銀座エルディアクリニック院長。２０２３年大阪府知事選に参政党より立候補。２０２４年9月、日本をたて直すことを目的に新党「日本誠真会」を創立。現在、歯科医師と政治活動の二刀流で活躍中。

武田邦彦氏　１９４３年生まれ。工学博士。名古屋大学大学院名誉教授。テレビにも多数出演、忖度のないコメントで全国的人気を誇る。２０２２年、参政党より参議院選挙立候補。２０２３年末、参政党より除籍処分を受けながらも、その主張は政治の世界で非常に支持を受けている。現在、テレビ、ネット、講演などで活躍中。

おわりに

２０２４年衆議院選挙が終わり、与党の自民党公明党が過半数を割ったところはよかったと書きましたが、一方でご存知のように野党は少数乱立のまとまって何も決められない状態が続いています。そして右翼であっても左翼であっても、右翼同士や左翼同士が争って戦国時代さながらになっています。民間においても宗教や大企業とは別に、思想的な集団が乱立するようになっていて、まさに戦後レジームの時代が終わり、混乱の時代、戦争の時代がやってきたのだと実感します。まさに権力者の思い描いた通りです。

２０２４年衆議院選挙において躍進した国民民主党が自民党の二軍であることは、もはや語るまでもないでしょう。それにひっかかってしまう国民が大多数なのだから、やはり日本に救いはないのかもしれません。また、れいわ新選組、山本太郎の問題点はさまざまなところでお話ししてきたので割愛しますが、ここもまた議席を伸ばしました。日本保守党、ここも内ゲバで大もめになっていますが、ビジネス保守、媚米の似非保守として同じく批判してきたなかで国政政党となりました。やはり私の考えや哲学というのは日本人には伝わらないのかもしれません。

私は医者だと思われていますが、医者よりも哲学、精神学、思想学、占学などのほうが好きで、それを人に教えている身です。だからこそ西洋医学以外に興味を持ったのは東洋医学だったのかもしれません。私は依存症治療の専門家なので、依存症の治療方法を全分野の病気に応用して使っています。だからこそ自ら世界一のオカルト医者、世界一の嫌われ医者と名乗っていますが、このような臨床ばかりをしてきたからこそ人間の治癒力や免疫力というのは強いのだ、ということを実感したのだと思います。

依存している人はすぐに病んでいくし、真の意味で自立して自由である人は強いのだということも実感しました。ワクチン被害者遺族の会元会長の鵜川和久さん（伝統医療研究所 理事長）もそういう仕事をされているから、新型コロナワクチンについてもすぐにおかしいんじゃないか?と感じたのだと思うのです。いまや、薬を飲めばいい、薬を打てばいい、盲目的になればいい、従っていればいい、不都合は隠せばいい、問題に向き合わなければいい、逃げればいい、聞きたくないものは聞かなくていい、そんな依存症そのままの行政や概念などが全国各地で広がり、推し進められています。

日本人は政治には疎いので、不満を持っているのにもかかわらず「投票しても無駄だ」と考えるか、すぐになにかを神格化して、まるで「DVされてる男にそれでも貢いでる女」のような状態を政治的にもつくっていきます。自公政権などはその象徴で、「もう30年間暴力をふるわれてきてほんとうにどうしようもないんだけど、今回いっていることはよかったし、もう一回信用してみよう。きっと今度は私の事を好きになってくれる」というのを延々と続けています。きれいごとや都合のいい愛国心を信じ込み、何回だまされても引っかかり続けてきたのが日本国民であると思います。

私は虚無主義だから愛国心なんてないのでしょうが、本来愛国心というものがあるとするなら、それは日本という国とそこに住む人々を愛するということです。そして本当の愛国心とは、日本の歴史をよい部分も悪い部分も直視して愛するということであり、政府を愛するために用いる言葉では決してなく、天皇や貴族を崇めるためにある言葉ではなく、戦争を肯定するためにある言葉ではなく、ネットで人のウォールに入り込んでのネットリンチだけに終始したり、陰口を叩くようなことでは決してないでしょう。このすべての意味において私は参政党という政党をとても問題だと思っています。

そもそも私は当初参政党を応援していました。本書には吉野敏明先生と武田邦彦先生との対談が収録されていますが、彼らはご存知参政党の主役メンバーでした。私は医学つながりで吉野先生とは参政党ができる前からお付き合いはあったし、赤尾さんもデモをやったときから知っていました。最初は武田先生のことは嫌いで、そのこともオープンになっていますが、その理由はテレビに出ていて権威の象徴である教授で科学的な考え方も違ったからです。そして参政党がうまくいかないであろうことは当初から予言していました。しかし知り合いや弟子が参政党に多数協力していたのです。

途中経過もすべて聞いていましたが、3レンジャー（吉野さん、赤尾さん、武田さん）が冤罪で粛清され追い出されても、当事者ではない私はいいすぎないように意識はしていました。党を抜けた有名インフルエンサーを根こそぎ集団リンチする姿をみて、この自称正義覚醒軍団がスパイ的なネット集団として暗躍していることも知っていました。それでもいわなかったのは、参政党をやめた大勢の人たちから、下部の人たちは踊らされているだけで根は純粋といわれてきたからです。

しかし申し訳ないがもうその意見は聞けません。こんな依存症にどっぷりつかり、集団でのネットリンチしかできない政党が、のうのうと存在してるなどありえないと思っています。そもそも不倫や愛人の話が代表問題になり、どれだけ多くの人がそれを目撃しているのか、妻子をきらいなどといっている姿をどれだけ多くの元参政党員が見てきたのか。主張している反グローバリズムも、情弱の素人をひっかけるためのエサにすぎません。こんな言説はネットを見てるだけで誰にでもいえるものです。実際には上層部の号令からネットリンチをくり返し、動画隠蔽から秘書自殺、幹部追い出し、キサツ隊やワクチン打ち子が立候補者するなどワクチン反対の看板とは裏腹のダブルスタンダード、果てはワクチン被害者遺族の会の重鎮にまで集団ネットリンチをしかけるに至っており、やってることはただの全体主義にすぎません。

3レンジャーの方たちともよくお話ししていましたが、参政党の一番問題なところは似非保守であるところや、独裁やネットリンチしかしないところでさえありません。せっかく「日本がおかしい」と思いはじめた人を、依存的かつ新興宗教的にまとめてしまったことです。いわば人の良心に付け込んだ二重スパイモデルといえるでしょう。他の少数政党もそうだと指摘する人はいるでしょうが、それはその通りです。いまの少数政党はみなインフルエンサーの支配が前提になっています。あまりに自由がないといってよく、これがもっとも罪深いところです。分断が～などといい正義ヅラしてる連中は、自分がいじめに加担していることさえ自覚がありません。

売国政策がおし進められ、戦争のにおいまでするこの日本の危機的状況にあたって思い返すのは、私は常に人生で少数派の側にいたということです。しかし、彼らも数が集まり原理主義的に絶対正義を唱えはじめると、どの政党であれ自民党よりタチが悪く、ある意味において権力者の二軍や三軍の役割を果たしています。私が政治的に無所属の重要性を訴えるのは、政党政治にこだわりすぎるといつしか権力主義になり、党の都合に縛られ党のスポンサーに縛られ、結局しがらみにとらわれてしまうからです。日本の政治システム上、政治団体なしには比例選挙も出られないわけですから、こんな考え方が理想論でしかないのは知っています。しかし、これからも政治にかかわり続けていくなかで、そういう理念を持ち続けながらやっていきたいと思っています。

2024年11月　内海 聡

内海聡 Satoru　Utsumi
筑波大学医学専門学群卒業後、東京女子医科大学付属東洋医学研究所研究員、東京警察病院消化器内科、牛久愛知総合病院内科・漢方科勤務を経て、牛久東洋クリニックを開業。現場から精神医療の実情を告発した『精神科は今日も、やりたい放題』がベストセラー。2024年現在、断薬を主軸としたTokyo DD Clinic院長、NPO法人薬害研究センター理事長を務める。政治団体「市民がつくる政治の会」代表。Facebookフォロワーは17万人以上。近著に『医師が教える新型コロナワクチンの正体1〜2』『心の絶対法則』『日本人だけが気づかない危機　日本消滅』（弊社刊）、『2025年日本はなくなる』（廣済堂出版）『希望』（徳間書店）などがある。

うつみんの政治家になろう
知名度ゼロ金なし話下手からの裏選挙マニュアル
2024年12月3日初版第一刷発行

著者　内海聡
発行人　松本卓也
発行所　株式会社ユサブル
〒103-0014　東京都中央区日本橋蛎殻町2-13-5
電話：03（3527）3669
ユサブルホームページ：http://yusabul.com/
印刷所　株式会社光邦

無断転載・複製を禁じます。
©Satoru Utsumi 2024 Printed in Japan.
IISBN978-4-909249-62-3
定価はカバーに表示してあります。
落丁・乱丁はお手数ですが、当社までお問い合わせください。

ユサブルの好評既刊

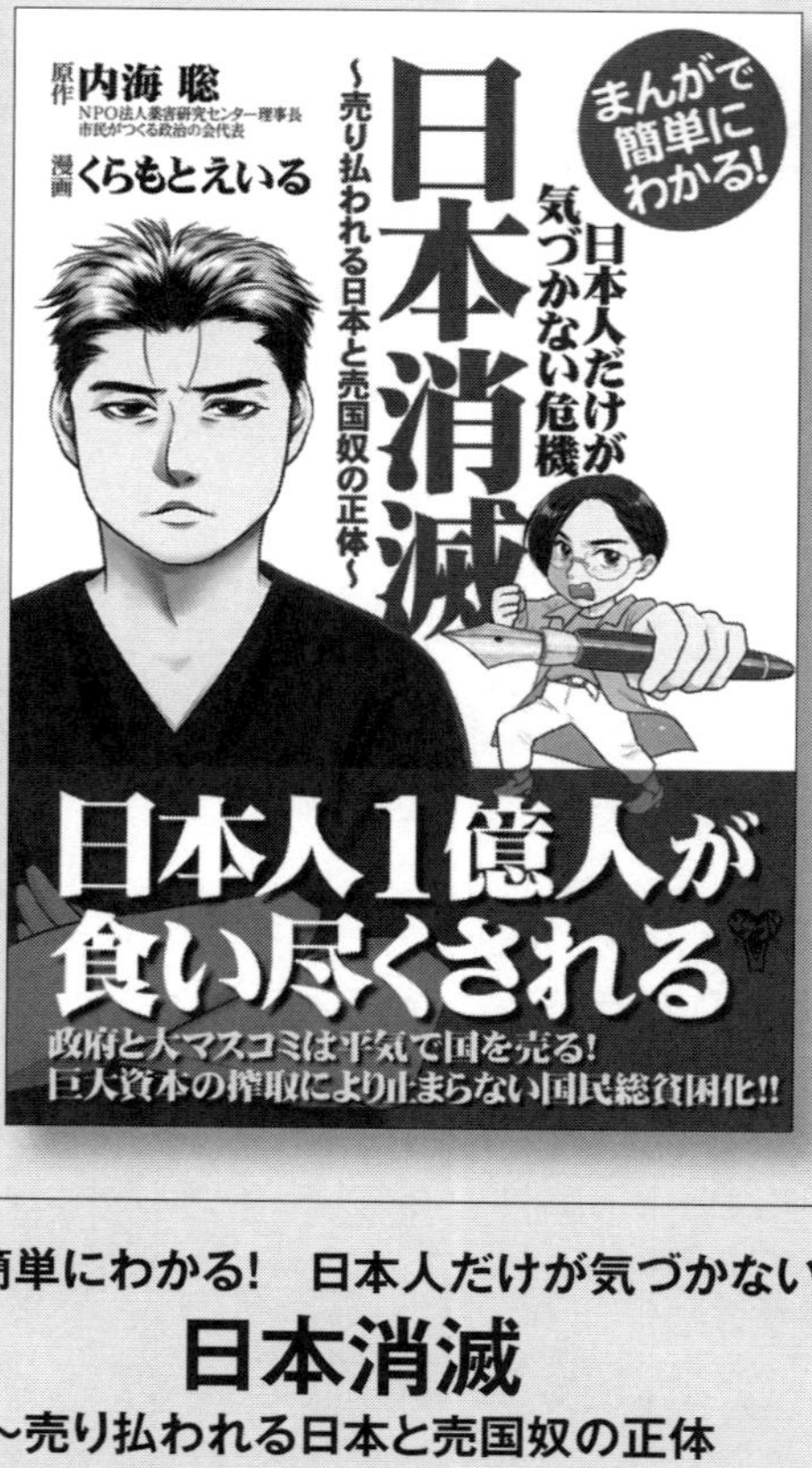

まんがで簡単にわかる!　日本人だけが気づかない危機

日本消滅

~売り払われる日本と売国奴の正体

原作：**内海聡**　漫画：くらもとえいる

四六判並製　●本体1500円+税

売り払われる日本の実態を描く。
●日本農業の外資支配で迫りくる食料危機●漁業権の外資への売却で水産資源の外国流出●買いあさられる日本の森林資源・水源●9割の国民が知らない憲法改正の恐い中身etc

ユサブルの好評既刊

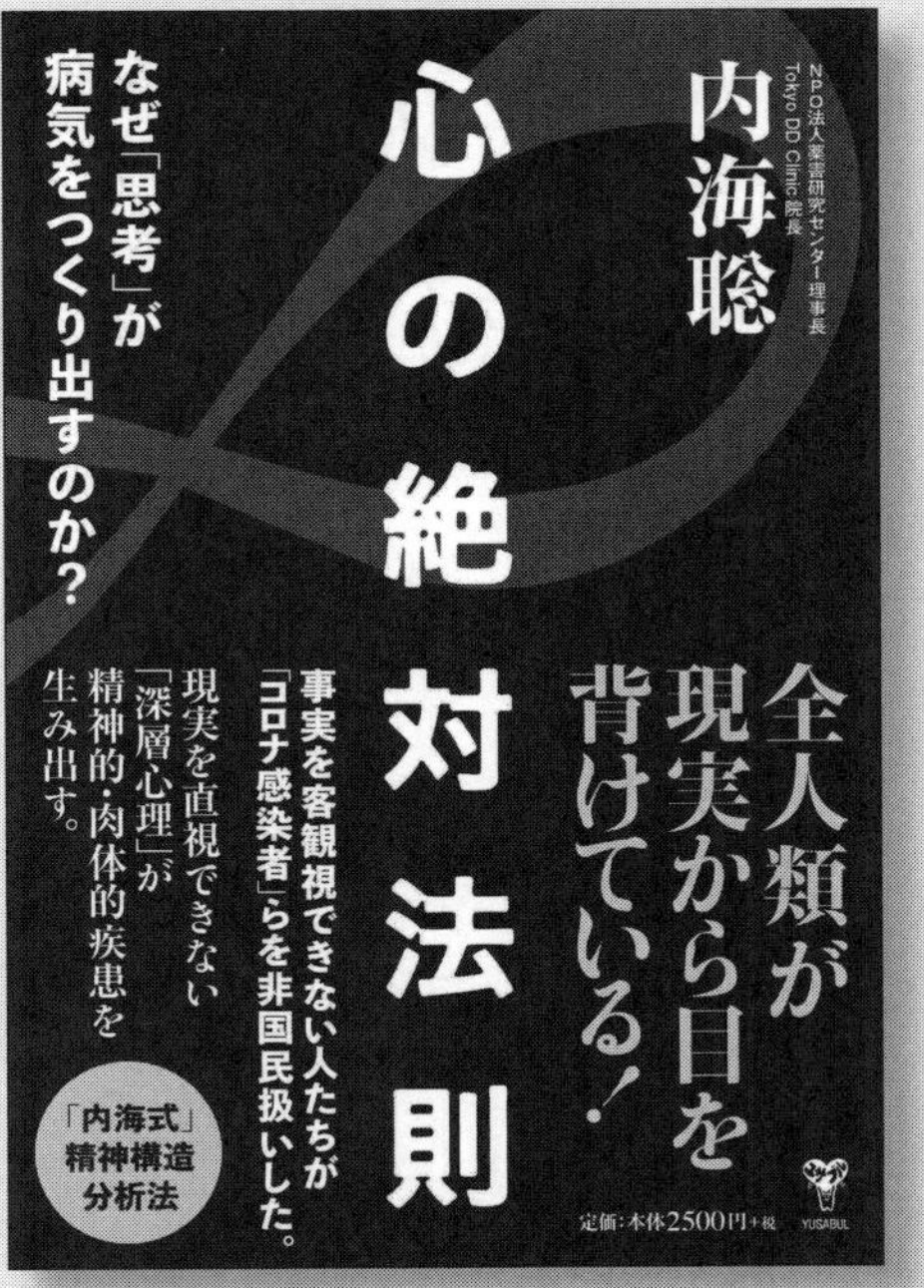

心の絶対法則

なぜ「思考」が病気をつくり出すのか?

内海聡 著

四六判上製　●本体2500円+税

全人類が現実から目を背けている!

「依存」「トラウマ」「支配欲」など現実を直視できない「深層心理」が精神的・肉体的疾患を生み出す。病気を生み出す「思考」の負のスパイラルから抜け出すための方法を教える1冊。

ユサブルの好評既刊

医師が教える

新型コロナワクチンの正体

本当は怖くない新型コロナウイルスと
本当に怖い新型コロナワクチン

内海聡 著

四六判並製　●本体1400円＋税

累計15万部突破!　最も売れたコロナ関連書。PCR陽性と感染は別もの、マスクに予防効果はない、ワクチンが有害である理由など大手メディアが報じなかった真実を描いた問題作。

ユサブルの好評既刊

医師が教える

新型コロナワクチンの正体2

テレビが報じない史上最悪の薬害と
いまだに打ち続ける日本人

内海聡 著

四六判並製　●本体1500円＋税

コロナ禍の3年間で何が起きたか?コロナワクチン接種後、報告された死亡例はインフルエンザワクチンのおよそ50倍。45年間のすべてのワクチンの死亡救済制度認定者を2年で超えた史上最悪の薬害の全貌。

●内海聡好評既刊

YUSABUL

医者に頼らなくてもがんは消える
内科医の私ががんにかかったときに実践する根本療法
内海聡 著

四六判並製　本体1600円+税

医者だから知っているがん治療の真実。末期がんが消えるのは奇跡ではない! その理由と治癒への方法をFB史上もっとも有名な医師が初執筆。がん患者の自然治癒力がよみがえる5つの方法を解説する。

漢画で簡単にわかる!
毎日の食事に殺される食源病
~医者が教える汚染食品から身を守る方法
原作:内海聡/漫画:くらもとえいる

四六判並製　本体1500円+税

実は世界最悪!日本の食品安全基準。日本人の病気は食事がつくっている。●ガン・心臓病などは食事が原因●急増しているアレルギー・自己免疫疾患は食源病●知らずに食べている遺伝子組み換え食品●正しい食品の選び方とうつみんの食卓etc

---

漫画で簡単にわかる!
薬に殺される日本人
~医者が警告する効果のウソと薬害の真実
原作:内海聡/漫画:くらもとえいる

四六判並製　本体1500円+税

製薬会社の踊らされる日本人。●日本独特の健康診断基準値が病人を大量生産●安易に処方される睡眠薬が認知症をつくり出す●インフルエンザワクチンに予防効果がないエビデンス●必要ない生活習慣病薬が突然死を招くetc

---

漫画で簡単にわかる!
精神科のこわい話
~新・精神科は今日も、やりたい放題
原作:内海聡/漫画:くらもとえいる

四六判並製　本体1500円+税

本当にあった衝撃の事実!　●増え続ける精神病院での死亡者●睡眠キャンペーンで自殺者が増加●製薬会社のデータ捏造●不要な薬を処方するあくどい手口●発達障害という詐欺●だから薬はもうかるetc